八堂課、二十四則故事
不歡迎對號入座，只因為全是真的……

從學校殺手到幕後推手

演藝圈鍍金師 著

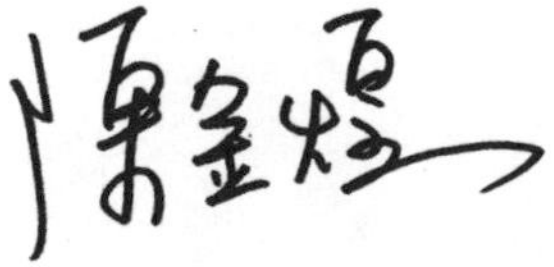

一本可能惹怒老師的書，學校沒教我的事，江湖來教會我！

作者為資深藝術工作者，也是彭于晏、許瑋甯、林依晨、張鈞甯、陳昊森、言承旭、周渝民……等多位藝人戲劇啟蒙老師。

作者遊居巴黎、北京、首爾、上海多地，集結二十四個演藝和劇場圈親身經歷，分享八堂江湖課的精髓祕辛！

推薦序

給我金煌！其餘免談

徐譽庭

（金鐘編劇、導演、製作人、作家，代表作《我可能不會愛你》、《誰先愛上他的》）

細膩與幽默，在我的經驗來說，有著微微的抵觸。

細膩必需要謹慎做倚靠，謹慎又經常與嚴格為伴，一嚴格，幽默就識相地走開了。

聰明與紀律也是。

聰明的人靈活，靈活容易懂得閃避錯誤，正因為沒有錯誤的時時提醒，就難免遊走於紀律的框框之外。

所以，如果你此生曾經遇過一個助理，他兼具了細膩、幽默、聰明、紀律，那麼你後來的助理就會非常非常辛苦，卻依舊彌補不了你心裡的遺憾。

我還在做劇場導演的時候經常這麼說：「我需要金煌！」、「給我金煌！」、「有金煌我就不擔心了！」

他做過我幾齣戲的導演助理，不管那齣戲有多少演員、多複雜的場景轉換，他永遠可以清楚的記得每一個演員的複雜走位，以及為什麼；他的morning call永遠是最恰當的，因為他不用開口問，就已觀察到我需要多少時間才能完成出門的準備；劇場經常有演員與導演緊繃的剎那，他總是可以觀察到每個立場的需求，然後以既公正又幽默又犀利又聰明的方式化解那些……

我已經無法清楚細數那時候我有多幸福，因為他很早就走向了個人成就，揮灑於「整個亞洲」、各種業界、各式舞台，甚至與各款世界級的名人交手！

與他分手「幾十」年了，每次重逢都會聽他說起那些精彩與驚險，那些關於他如何扭轉人生中的「不可能」的故事好聽爆了，他讓「壞人」伏首稱臣的轉折太大快人心了！好像沒有什麼事情可以難倒他，他邏輯清楚的道理，以及讓我羨慕死的口才可以擊敗任何狡猾的人，同時又那麼的感性、敏銳，足以溫柔的接住好友跟他分享的每一種情緒、感覺。

在他還是我的助理的時候，我們曾經交換過一整年的日記，彼此分享著幽微的感觸、生活裡的種種發現，還妄想著有一天可以出書。

他果然做到了！

不，正確說法應該是——我早就知道他一定會出書！而我一直在期待！他的人生經驗太值得分享，太值得借鏡，太適合做為一臂之力——如果使用文字的作者又是那麼的幽默、機智、細膩、邏輯清楚，那麼我會建議你，把這本書放在你的床頭，每晚睡前，翻開一篇，給明天的自己一個帶著笑容的鼓勵！

自序

我的人生是一本會惹怒老師的書

陳金煌

儘管國小到國中我都是第一名畢業，但隨著青春期的叛逆反骨，高中畢業後，不意外地沒有任何一所大學要收留我，號稱在南陽街補習，但其實都在混的日子，二年很快過去，眼看就要當兵，我注意到「國立藝術學院」在獨立招生的傳單，因為可以加考術科（如：唱歌、跳舞、樂器……），總分門檻稍微降低了點。很幸運的，我以首位台東人身分，考上戲劇系，也就是現今的台北藝術大學。

叛逆反骨並沒有因為考上國立大學而停擺，反而更想看看外面的世界，求學最後一年，我考上了一個法國的前衛劇團，礙於當時未服役男孩不能出國，我差點想放棄學業！經過多方努力，我懇求學校和法國劇團出示邀請函，讓教育部首開先例，簽下切結書，以個人身分在法國巡演，那是我人生最開心的日子，除了大學就能賺零用錢之外，更是一種鄉下孩子狠狠被打開國際視野的衝擊！從排練，演出，巡迴，真真實實的在法國完成我的大學畢業製作，也是我寫這本書的最源頭靈感：學校，到底教會了我什麼？

畢業之後，我考上義工隊，跟國際巨星張震一起唱歌跳舞，又是一次衝擊，扎實的藝術訓練，轉化成濃妝豔抹，賣笑扭屁股，因為健康因素，我退伍了，開始在各劇團走跳，開啟我戲劇教學之路。而另一個生活大契機，是離開台灣十年的遊居生活，從台灣、法國、北京、韓國、上海……遇到的人事物，讓我不禁懷疑，這可能是一本會惹怒老師的書！

因為在江湖上遇到的鳥事，學校怎麼都沒有教？在江湖吃到的悶虧，學校怎麼都沒有提？保護太好的大學溫室，扼殺了多少大放異彩的蘭花，如果只用學術理論那套，在江湖一定一秒被KO！念了幾年的大學，可能連簡歷都不會寫；念了幾年的戲劇，可能連生活都不會過。江湖的戰場，才是真實的生存技巧。

於是這本書就這樣誕生了，我列了學校沒教的八堂課，化成江湖上真實經驗談，例如數學課，我想談的是合約，教你如何在江湖上有基本的談判能力，這是學校不會教的；例如公民道德課，我想談的是人心，江湖上很多事就是沒心沒肺，遇到了你要如何自保，這是學校不會教的；例如夜間部的課，我想談的是十六禁，靠不正當手段上位的故事，這是學校不會教，真真實實發生在江湖上的事……匯集畢業後二十多年在海內外的有趣經驗，希望是醍醐灌頂的警示，或能會心一笑的嘲諷，故事全都是真的，為了不吃上官司，我把名字都模糊掉了，歡迎大家對號入座，因為二十四則的故事，很可能就發生在你我的工作職場。

學校給了我頭銜，頭銜不是頭盔，頂著頭銜撞到頭破血流之前，謝謝您閱讀我的書。

目次

第一堂

校外教學課

（一）十元讓您一夜長大

走過風霜或看過人生的朋友，應該同意我一個觀點：
當年輕的時候，我們總希望趕快長大；
當發覺青春老去，我們總希望抓住年輕！

男孩對於嘴邊長出的幾根毛，珍惜不已捨不得刮；對於XX長出的毛，竊笑不已，暗中自我認同長大了，就恨不得趕快將這隻早春小鳥，放飛展現自我。

女孩若撇開生理各種的性特徵，心理上也會有一段「覺得自己長大但其實很幼稚」的叛逆期，明明少女心卻故作長大的尷尬期，更不用說西門町一堆濃濃不適合自己的韓式烈焰紅唇妝了。

但真正長大之後，我們卻不停地扮小裝可愛！

拜手機濾鏡之賜，在逐漸下垂和膠原蛋白跟花錢一樣快的流失歲月，我們好像活得很年輕。

但生理上卻是無法濾鏡的，白髮、體力、老花、記憶、皺紋，真實又殘酷的刻印。

半永久紋眉、霧眉、種睫毛、水光針、八爪拉皮、電波拉皮、鳳凰拉皮、皮秒、超聲刀……（相信截稿之後又有一堆新名詞），各種醫美讓多少男女找回「自信」，或其實看到更大的「自卑」。

長大：變成有意思的反義詞，年輕的時候裝成熟，成熟的時候裝年輕。

長大：我想快快長大，然後想慢慢變老，多有趣?!

二〇〇八年八月八日晚上八點，第二十九屆奧運正式在北京開幕。

口號為「同一個世界，同一個夢想」，口號依舊淋漓盡致，無人能比。

兩年後，二〇一〇年，一個因緣際會，我搬到了大陸，而且是天子腳下的——北京。

北京，真是個令人急速長大的城市，只有想不到，沒有做不到！從建築美感、淘寶商品、生活習慣、用語、價值觀、道德觀、生活觀……完全打破慣性思維，處處是驚喜，也讓我虛心學習。長大，真的不只有一種方式。

身為台灣呆胞和頂著北京奧運的光環，校外教學第一站，我拜訪了鳥巢，就是當時奧運開幕，全世界都見證老子有錢有勢、如何撒錢的奧運主場館鳥巢。

溫馨提示的是，當時我住的北京，是沒有任何手機叫車服務的。（什麼滴滴打車、美團出行、Uber、神舟租車、支付寶……啥都沒！）

要嘛，享受人肉貼人肉的地鐵，要嘛，考驗個人修養的北京攔（搶）出租車，不想搶的，請享受要價十倍的北京路邊黑車；如果很幸運的有外國友人，直接二十倍起跳。長大前媽媽說的禮義廉恥，再度考驗著我……

中間省略三千字的通勤方式，終於來到傳說中奧運主場館鳥巢，對於鄉下出身的我，只能用「哇～～」來形容。這腹地是停航空母艦嗎？應該比整個台東市都大吧？買了票，排了隊（嗯，十年前應該說——插了隊），我順利進入歷史的一刻。

當時我也說不上喜歡或是不喜歡，因為腹地實在太、大、了！搭配北京永遠詩意（霧霾）的天空，覺得自己很像迷失在沙漠中一隻待宰的羔羊。

待宰是因為同行友人是老外，一進場，頓時覺得自己是皇帝微服出巡被包圍，左手小哥哥說可以幫你導覽，右手小姊姊說可以賣你假包，左右逢源之外，還要顧及禮儀之邦，微笑不失禮地往前走，就算稱不上皇帝，也算是妮可基嫚到西門町般地受寵若驚了。

當時是七月，北京夏天沒有在客氣的，但左手小哥哥、右手小姊姊的包圍，不如前方突然出現的「各類穿偶人」。

為何突然出現？也是因為霧霾大到要很近才看得到，各類穿偶人，就是迪士尼樂園或環球製片廠，會在廣場跟你拍照的各種偶像或動漫人物，差別地方在……

樂園全部正版授權又免費，鳥巢全部盜版又收費。

畢竟我也是第一屆宜蘭國際童玩節小丑出身，對於夏天頂著全套偶裝，我還是挺心疼的，但我實在不願意跟臉部歪曲的米奇頭，或因為熱只把頭戴一半的Hello Kitty，或是只戴嘴巴裂開的唐老鴨但下半身是短褲加拖鞋的「巨星」們拍照。於是我默默躲在陰涼處，看看這些巨星，如何讓孩子們一夜長大。

肥羊出現了——北方大媽穿著匪夷所思的服裝搭配且大聲叫：「寶寶兒，這兒有米奇呢，快來拍照。」

丹田十足又氣場強大，很像周星馳電影會出現的角色。

寶寶大約四歲，是能表達又有獨立思考最可愛的年紀。寶寶看到臉部歪曲的米奇寶寶，原本可愛的笑容已經先歪曲了，心裡應該想著怎麼跟電視上的迪士尼長得不一樣？

勉強拍完照，隱約聽到從厚重頭套傳來地方口音：「十塊兒，十塊兒。」

大媽以為聽錯了，直爽地（我其實很佩服北方大媽的直爽）問：「啥？十塊？

拍個照就要十塊？您有毛病吧！」

歪著臉的米奇也立刻收起ＹＡ的手勢，直接把頭套拆下來，破口大罵大媽：「天氣這麼熱，還給你拍個照，我容易嗎？有錢帶孩子來玩，十塊也付不起？我一天掙多少錢你知道嗎？」

北方大媽也真不是好惹，完全不管一旁驚恐的四歲寶寶（因為他看到米奇的頭斷了，而且……頭．裡．面．還．有．頭．啊啊啊……）說：「我就不給你怎樣，你叫城管來啊！（類似地方警察）拍個照就要十塊兒，我就不給，寶寶兒，我們走！」

寶寶很想走，但惶恐的眼神尚未幫他判定，為何米奇的頭裡還有頭，而且會罵人，寶寶失聲地哭了出來。

「我寶寶兒都嚇哭了還敢要錢？寶寶兒不哭，我們走！」

北方大媽拉著寶寶要走，米奇本人（就是穿偶的阿姨……本人），居然提著米奇的頭套，擋住去路，僵持不下。

搭配著寶寶的大哭，地方媽媽的大罵，米奇本人的大怒，我笑了。多美的劇本，多美的劇照，米奇提著米奇的頭在要錢，多希望發生在華山或微風信義廣場。

但米奇阿姨終究理虧，看著北方大媽和大哭寶寶的離去，在後面吐了一口痰，臭罵一串我聽不懂的地方語，然後戴上頭套，繼續笑臉盈盈地接待下一組客人（肥羊）。

「拍照嗎？拍照嗎？」

遠遠那隻唐老鴨很淡定的把頭拆下來散熱，是個滿身大汗的大叔，把上衣捲到肚臍以上，抽了一根菸，念念有詞後繼續迎接客人。

什麼叫長大？破處？失戀？考上大學？都是，也都不是。

來北京只要十塊人民幣，可以讓一個四歲的孩子立刻長大。

你也不用找個各種理由，騙他世界上沒有聖誕老公公，也不用提防在孩子面前不能說髒話，因為米奇和唐老鴨，都幫你說了。

多棒的校外教學第一篇，我看到了長大的可能性。奧運說：同一個世界，同一個夢想，北京歡迎您兒。

我很慶幸四歲在台東時，還相信這世界是有米奇寶寶的！

（二）哈利波特的密室

我常跟朋友分享，人生是要每個十年計畫的。

二十到三十歲，基礎期，是最可以犯錯的時候，要不停地戀愛和突破，不求報酬地工作嘗試，不斷地建立自己的好口碑，不停地拓展人脈。很少人在二十多歲就知道人生方向，而年輕就是本錢的揮霍期，就這十年。

三十到四十歲，是驗收期，開始要把人脈轉換成工作的機會，判斷身邊哪些人只是酒肉朋友，判斷自己是不是把夢想想太大了，判斷把興趣當工作是不是正確選擇。年輕是本錢，但年輕不能當飯吃，也就這十年。

四十到五十歲，是回收期，把誰介紹給誰，把人脈當作金流，把經驗幻化成實踐，找到自己在社會的價值和定位，是這十年的功課；而女生的更年期，男人的中年危機，也漸漸會在此出現。

我的三十五到四十五歲，是驗收和回收我對藝術的熱愛、對表演的內化，實踐在生活中的自我反芻。

三十五歲那年，遇到一個很特別的工作夥伴，是當時駐台灣的法國外交官，在一次劇場演出的後台，有了一見如故的友誼，就是那種看完爛戲的一個交換眼神，就勝過落落長評論的默契。畢竟英文不是我母語，法文更不是，於是我相當珍惜這樣的默契和法國人的「浪漫」。（我這裡特別加引號，有和法國人生活過的人都知道，他們是自私又愛抱怨的民族，多數都不浪漫……）

對於這樣異國的默契和興趣相投的夥伴，很快地，我們的話題和週末，都被各種展覽和演出填滿。他的興趣和工作，是把法國各個無論大小的好展覽和好演出，引薦到台灣，當時曾破過一項外交紀錄，把法國羅浮宮館長、奧塞美術館館長、龐畢度中心館長，三巨頭分別請來台灣，就是豐功偉業之一。而我的工作，也算活躍在這圈子，於是假裝當了垂簾聽政的幕僚，分享哪些團認真做事，哪些團假鬼假怪，哪些戲能看，哪些戲譁眾取寵。

當時的我三十五，與他同年，如果按照十年一計畫的我，正好從台北藝術大學畢業十年，加上求學的五年，該玩的角色，該享受的掌聲，也夠了，面對表演的瓶頸，體力的下降，正想從演員這個職業換跑道。遇上他後，反而開了事業和人生的另一個視野，在藝文團體和外交資源中，我幸運地搭了線，漸漸往幕後統籌這條路邁進，也算是人脈整合的黃金十年。

我的下個十年，就這樣跟著他去了法國、北京、韓國、上海……（因為外交生涯基本上是三年一遷），儘管後來無緣繼續，但也感謝這十年的視野和所謂「外交生活」的不同樣貌。此外，還要感謝的，是學校的表演訓練，因為外交社交場合，不僅要有不同語言的社交能力，還要有「扮演」能力，扮演一個得體的藝術工作者，扮演一個氣質非凡的評論家，扮演一個優雅但不失本我個性的賓客，種種校外教學的訓練，真多虧了表演的基礎。

如何在最短的時間裡分辨誰是宴會的主人（表演觀察力）？

如何在忘記對方是誰但又要聊天中找到線索（表演即興力）？

如何在看完爛戲之後給予中立又打氣的話語（台詞表達力）？

如何在無聊的各種趴踢中找到各種話題（劇本創作課）？

當然也包括我去了大陸，在被問到台灣和大陸的政治敏感話題……

這些，都是外交生活的校外教學課，學校絕對沒教課，付了錢，也不見得有人教。

從台灣到世界各地的聚會，累積了不少國家的大使名單，其中跟我們感情最好的是曾任北京的駐華大使——白女士，她曾帶我上了不少校外教學課。

在此有幾點說明：一、為何要特別說是在北京，因為在一個聚會上，有人曾說和駐「上海」的法國大使吃飯巴拉巴拉的話題，發言未結束，立刻被糾正說，上海沒有大使，上海叫「領事」；也不叫大使館，叫「領事館」。北京和上海多年的微妙競爭，沒想到連法國人也知道。二、她是女士，我們劇場人最會照顧大姊姊，所以在北京的日子，白女士對我這沒大沒小的孩子印象深刻。

我們東方人最強的基因是不顯老，一則喜、一則憂，喜當然是人人都驚訝如何保養，這是個很好與大姊姊成為朋友的切入話題；憂的是出席場合，大人要說大人話，尤其英法語都不是自己母語時，如何撐起能量應對進退，讓自己不像抱人大腿的跟屁蟲，真的是一門表演課。

亞洲人、不顯老、又會照顧大姊姊的我，很快變成白大使的「朋友」。

在此也分享一個外交圈流傳的默契，為何外交使節在一個國家的任期是三年？因為三年，是有機會開始變成朋友的關卡！

到新的國家交朋友，第一年都是基礎噓寒問暖，分享哪裡好吃好玩。第二年慢慢露出狐狸尾巴，誰是真心互動，誰總占你便宜，誰人脈強大。第三年可以判斷誰是真誠的朋友了，但，為了不把私人友情帶入外交談判，第四年，全球外交圈再次洗牌，重新任職！（也有特例，例如表現良好可延期，表現不佳被革職，我都聽過。）所以三年，是外交外派任期的一個臨界數字，說起來也算有科學根據。

三年很快，當時的法國駐華大使白女士又要外派到其他國家了。每三年，我都像在看金馬、金鐘獎，誰入圍，誰中獎（因為下個國家，你可以排志願，會備選，但最後一刻才公布），白女士無預警地公布了下一個國家，她即將調到英國倫敦，繼續擔任法國大使公職！

天！英國倫敦，我最愛的城市！

而且大使有自己的官邸，絕對會是在最繁榮的地段、最上流的地區，倫敦，全世界計程車費最貴的城市，厚著臉皮也要去拜訪。這幾年和大姊姊的互動還算得體，我們當然也收到白女士的邀請，去倫敦旅遊，而且可以住官邸！

天！這應該比去哈利波特城堡還興奮，因為城堡是虛構的，但官邸是真的，而且倫敦的外交官邸區，幾乎都在同一區，戒備森嚴就罷了，我用google 一查，我媽呀，隔壁不遠就是肯辛頓宮，黛安娜王妃曾住在那！

威廉王子和凱特王妃也住在那！多麼驚人的校外教學，我住在威廉王子隔壁！這真的比去哈利波特的九又四分之三月台還值得炫耀！

入住官邸第一天，我就被暗示：盡量、最好、如果可以……請不要拍照和打卡。理解，可理解，所以，我只好盡量用文字還原了。

我們拜訪的那週，入門警衛是二位壯如牛、感覺槍彈都打不進去的壯漢猛男。不知道是巧合還是故意，二人彷彿雙胞胎般相似，也許是為了讓出入賓客都有安全感？還是讓（敵）人分不清誰是誰？劇場出身的我，忍不住開始有小宇宙劇情架構，也難怪各種間諜、竊聽情報、偷天換日的情節，是我最愛的影視題材。

然而入官邸之後，其實有點失望。可能在北京的五年多，各種富麗堂皇的誇張建築啥沒見過，以為在蛋黃中的蛋黃區，能看到點啥特別的，但沒有。

室內風格，就是那種簡單傳統的英式布置，白白的，乾乾淨淨，沒有黃金打造的馬桶，也沒有人工智慧的控制或前衛設計，但收藏品倒是不少。白大使在二十多年前就曾隻身到大陸學習語言，所以一個法國人，在英式建築中，放著中國風收藏，倒是很混搭。

然後私人廚師很得體地出來照顧大家，介紹冰箱和廚房的設備與材料，如何使用，或是想吃啥都可以吩咐，很像高檔飯店那種私人管家，廚具也很傳統，倒是打開冰箱，滿滿的起司讓我用味道記住了廚房的方位。

歐洲用餐有一個習慣，正餐前聊天喝小酒，然後才移駕到正式用餐區。多年前第一次參加不熟悉，想說為何餐點就只有堅果和餅乾，硬是用水把自己灌飽，後來才知道正餐要換區域，而且都吃得很晚、很久、很愛聊天，法國八點半晚餐是正常，西班牙九點半才開始，晚餐前必須先吃一點「晚餐」，我想所有在歐洲生活過的亞洲人，都懂。

職場無法解決的，在酒場都好說話，這點亞洲人倒是和歐洲人有點像。酒過三巡之後，似乎架著一種表演能量的晚宴，大家都卸下心防，暫時忘了我們是在全英國最隱私的官邸用餐，白女士突然給我們一個神祕的笑，她說：「來，我帶你們去一個房間！」

然後我們走進書房，嗯……對，就是滿滿的書啊，而且一堆法文，啥屁也看不懂。白女士摸著一排書櫃，我還以為要開始複習歐洲沙龍女性主義哲學討論了，殊不知她一推，書櫃動了，書櫃後面，是一個實實在在的小房間！就像電影拍的密室那種，或是金屋藏嬌那種，書櫃的後面，別有洞天，就像九又四分之三月台，我們進入了另一個空間。

白女士說，有些非常重要的會議，我們會用這個會議室，有些國家的神祕會議室，甚至沒有訊號，或需要交出手機，當然也不能錄音錄影。當時的我乖乖遵守真是太孬種了，因為同行的朋友，就這麼大方拍起照來。這就是法國人吧？一邊說不行，然後一邊做。

官邸或外交公職的電腦，也是另一個網路體系的，可以說是獨立不被駭客，但也是一種透明可控制吧？而且，更機密更機密的文件，也不能用信件傳送或寄送，會有一個「人肉快遞」（真的就是從A國派送一位信任的人到B國，取了文件就回來），我聽到之後心中小宇宙立刻開始編劇，怎樣的機密，要機密到這種程度？例如，隔壁已經上天堂的黛安娜王妃的陰謀論？或是英國女王的霸道？或是皇室的緋聞或裸照？各種小劇場，自己幫自己在上校外教學課。

第二天的行程，也是校外教學的重頭戲，我們要和一群外交官夫人，一同觀賞英國國寶級舞台劇《戰馬》。

看戲前，所有夫人們先到官邸集合，小酌一下再出發。不意外的，當貴太太進入官邸看到我，幾個黑人問號的表情還是有的，畢竟她們的老公或關係都是哪個企業或哪個國家的誰誰誰，白女士也很得體的介紹了我：「這是來自台灣的『演員』。」我很喜歡這個稱謂，在歐洲好像被介紹成演員這行業，感覺就很高大上，雖然在台灣可能下一個問題就是：「當演員一個月可以賺多少啊？」在歐洲，問工作薪水是很失禮的，這點外交官夫人們倒是非常得體，話題都圍繞在台灣的藝術發展和演員訓練，我突然驚覺演員這職業，居然是我打入英國外交圈的第一步。

今天看的戲是《戰馬》，故事背景我不是很感興趣，但操偶的技巧倒是出神入化。感謝大學一年級參與了杜思慧學姊統籌的國際偶戲節，吸收了不少關於操偶的知識，這時完全用上了，果然賈布斯說得很對：

You can't connect the dots looking forward,
you can only connect them looking backwards.
（你無法預見未來，但未來你會發現，過去點滴，造就了現在的你。）

也應證我說人生十年的基礎期與驗收回收期。過去的國際偶戲節經驗，當時就是好玩和拓展人脈，從沒想賺多少錢，但現在，拿到外交圈的一張門卡，又拓展了更多人脈。

從官邸到劇院的過程，全靠我的台式英文（沒有正統英國腔和彈舌法國腔的英文），我努力做了最好的文化外交。真遺憾，當年為何不流行網紅直播？我想台灣外交部應該要發我紅包的。

說得再多，也不敵我的時差，戰馬，我睡死了！

就跟當年殺去紐約看《貓》、殺去加拿大看《歌劇魅影》一樣，太高估自己了，昏迷了幾乎全場，睡意一來，什麼貓啊狗啊馬啊，照樣睡。戲看完，又到了歐洲人最愛聊天的環節，大使夫人們說：「我們來聊聊戲吧……」

天！我該告訴大家我昏迷的事嗎？還是得啟動表演創作力，在僅有的故事環節裡，盡情揮灑我的屁話？猶豫了幾秒之後，我選擇了後者，說屁話，我想是對付歐洲人最好的社交方式。

靈機一動，我啟動了她們最愛聊的話題，一九四九的台灣和大陸的戰爭，順便和《戰馬》的戰爭背景呼應；然後啟動我自己也是台灣兒童劇穿過偶的經驗，和多人操控機械馬（《戰馬》的馬是多人操作的機械結構），接著舉了法國最有名的幾個也是操機械偶的團隊（就是在里昂操作大象的那幫人），東拼西湊的，把我的「感言」拼湊完畢。

我常開玩笑說，為何法國人愛抱怨？浪漫一點的說法，因為沙龍文化的開始，就是各種的靠杯靠腰。例如西蒙波娃，就是靠這種「抱怨哲學」，誕生了女權主義的基礎！這當然沒有科學根據，但這篇校外教學要教你的是：凡事要有獨立思考的能力。

從一些你知道的知識，必須延展出你自己的觀點。我最喜歡法國高考的哲學題，每年都是我自我檢視的好機會，例如：你覺得藝術是存在的嗎？你覺得慾望是缺點的表徵嗎？我們可否放棄真理？這類考題，放在我們大學或研究所，完全綽綽有餘。

法國大使招待我們去倫敦官邸旅遊的事，除了神祕的書櫃後有個彷彿九又四分之三的密室，更多的是在不同場合應對進退中我學到的說話技巧。我在外交圈鬼混的十年，常常覺得自己很孤單，例如我十年前在北京，就一直提醒台灣演員的口條要加強；五年前在韓國，就一直提醒不要隨便稱自己是音樂劇天王天后，請來韓國看看文化發展和演員的素質。

校外教學課，希望刺激出獨立思考的能力，不要低估自己腦洞大開的可能。感謝哈利波特，原來九又四分之三的密室，是真的！

（三）雲門的門沒關

劇場大幕升起，場上燈光用渲染方式，光影如晨曦般灑落在舞者身上，舞者身穿全白，用下盤骨盆底肌群的力量，如太極般柔韌的律動到上半身，接著音樂響起，現代舞抽象又有力道的軌跡，同時也像極音符跳動的軌跡，慢慢的能量匯集到整場，舞者、燈光、投影、音樂，無縫接軌又完美搭配得有如咖啡和熱水的完美溫度，這，是台上高能量又專注的國寶級舞團演出現場。

鏡頭來到觀眾席，幾乎座無虛席，觀眾坐在全大陸最大、最舒服、最新落成的北京國家大劇院裡看戲，這棟座落在天安門旁，因北京奧運孕育而出的水煮蛋，由法國國寶級建築師保羅・安德魯（Paul Andreu）設計，低調又高雅，又不搶掉天皇腳下故宮建築群的創意設計。安德魯另一個舉世皆知的作品，就是法國的戴高樂機場。

開演不到十分鐘，觀眾席手機亮燈從沒滅過，比較客氣的，會關掉閃光燈，偷偷拍幾張然後收起；中等沒禮貌的，拿起手機開啟錄影功能，還會大方用手在螢幕調近調遠，有深景有近景的運鏡，台上和台下一樣忙。最沒禮貌的，閃光燈也沒關，直接拍照打卡上傳，喀嚓巨響，閃光巨亮，觀眾席像極了紅毯邊瘋狂的影迷，看到偶像巨星之後的狗仔媒體，就差沒向前要簽名了！

比較有正義感的觀眾，會斥責這些製造光害的暴民，後方工作人員也會拿出雷射筆，遠端射向光害的手機，射好射滿，提醒關機，但，效果永遠不大。有時暴民還會反嗆：「拍一下怎樣，礙到你了嗎？我花錢兒來看戲不是來聽你指指點點兒的！」有時，還真羨慕北方觀眾的霸氣，老娘做錯事，一樣理直氣壯。

但，見證奇蹟的時刻到了。

當正義達人或射好射滿的工作人員再也阻止不了閃光四起的拍照行為，演出二十分鐘，舞團突然落大幕，老子我，不演可以了吧?!直接降大幕，直接中斷自己演出，在世界級劇院的這種行為，絕對金氏世界等級，這團，就是台灣天團，林懷民老師帶領的雲門舞集！

落大幕之後，林懷民老師緩緩走出，用感性但嚴厲的聲音，說明拍照的光害如何危害和不尊重表演者，一方面舞者要全神專注在自己身體，一個閃光恍神，很容易受傷或造成危險，更何況是一堆如狗仔嗶哩啪啦的閃光；二方面更是對藝術作品的尊重，舞台劇之所以為舞台劇，就是要現場！臨場！當場！感受這作品跟你的連結和橋樑，你一再分心發文打卡，不是為了看演出，更不用說嚴重影響身旁看戲的觀眾。

一番苦口婆心教育之後，觀眾掌聲四起，大幕升起，演出繼續，這壯士斷腕的氣魄，只有林懷民老師做得到，夠有種，之後也在北京表演圈傳為美談！至今拍照現象依舊有，但我沒見過哪位創作者能有這氣派說：「愛拍照，好！老子不演了，落幕！」

雲門舞集，台灣第一個職業舞團，一九七三年創立，更是華語社會第一個當代舞團，創辦人林懷民老師，外表氣質卓越，內在純樸幽默，說起髒話也是沒有在客氣。求學階段我就對肢體訓練很有興趣，當時就跨界到舞蹈系修學分，當然很大的因素是豬哥色心，去看舞者帥氣又美妙的身姿，多年下來，也漸漸和林老師有緣認識。很多人說我們神韻有幾分相似，我也乾脆就寡廉鮮恥地叫他「乾爹」，完全也沒經過老師同意，就這樣瘋瘋癲癲和雲門多位舞者有了深厚友誼。我曾面對面跟「乾爹」說：「老師，大家都說我以後長大很像你。」

老師說：「不用長大，現在就很像了。」

就是這樣，有專業素養，平常又直爽沒包袱的藝術家，是我最佩服的！

而我，就這樣跟著「乾爹」，去了世界好幾個城市，北京、上海、廣州、巴黎、首爾、布拉格，甚至到了希臘，補修我的「校外教學課」。

希臘一站是我最印象深刻的，表演的劇場是雅典衛城裡的千年古劇場，劇場用石頭所堆砌和打造，半露天的設計，音場好到千年之後現在唱歌劇也無需配置麥克風。因為歐洲夏天日照時間長，演出時間很多是晚上八點開始，甚至更晚，那時，都還有日光，於是整場的演出，你可以看到日照、日落、夕陽、晚霞，然後月亮，然後夜景，美輪美奐的自然變化，強過所有的燈光設計，像是你往天空打了一個高清投影幕，還有雲朵自動渲染當裝飾。儘管雲門經典作品《流浪者之歌》我已看太多次，但用天空作畫，與千年古劇場的結合，還是把我看哭了。

學校已有太多課程或教授分析當代舞的入門技巧，但想著這可能是西元前就蓋好的劇場，就坐在歷史軌跡上感受藝術，這種校外教學，真的是江湖才能教懂我。看完之後，我和同行舞者的義大利老公步出劇場外，見到滿滿感動的散場觀眾，交談著我聽不懂的希臘語，是我情感太豐富或異想天開嗎？好幾個觀眾對我這位「華人」一直微笑，似乎這一個驚人的華語經典，讓我也沾上了光，比起我在巴黎受到冷眼或歧視的眼光，我是台灣人這點，這次讓我覺得最驕傲！（據同行外國朋友翻譯，他們有人還以為我是剛剛在台上表演的舞者，有了這項殊榮的誤會，害我立刻把腰挺直，丹田吸滿氣，走路外八得像是芭蕾舞者一樣……）

我帶著虛榮的感動、與有榮焉的感動，想像頭頂有人用線拉你，冒牌舞者跳躍般地溜到後台跟大家會合，跳上了雲門接駁車，厚臉皮的跟舞者回飯店吃喝玩樂。

「乾爹」林懷民老師總是在演出完，在台上會有一套例行公事的謝幕，是有隊形變化那種，也是觀眾掌聲如雷，感覺跟雲門最能聯繫的一刻！台下呢，當然都會發表感性又感謝的致詞，謝謝今天辛苦的舞者。今天老師分享了他遇到一位在雅典住了一輩子的希臘老媽媽觀眾，老媽媽說：「今晚的雲門，讓她找回自己的靈魂！」

我沒有在台上演出，我只是個跟屁蟲觀眾，但這句話，又讓我熱淚盈眶了。

但下一秒卻立刻讓我出神，老師用他標準的台灣國語對我說：

「你又來了？你還要繼續跟我們去下一站嗎?!」

（下一站是莫斯科，很想跟，但我沒簽證……）

我說：「沒有啦，我先去巴黎，再回台灣，但我真的很感動，打擾你們了。」

他也沒問我，為何我在希臘？為何我出現在他們的遊覽車上？如此沒有架子的大師，和半小時前在台上有各種隊形變化的謝幕大神，完全不同。感謝我的雲門一哥一姊，蔡銘元和邱怡文的收留，讓我在希臘找到靈魂，也找到短暫的高潮！

另一次有趣的校外教學課，是雲門巡迴到廣州大劇院。

廣州大劇院是世界著名建築師扎哈・哈蒂（Zaha Hadid）在大陸成名作之一，儘管後來因為施工細節不完善，女王還一度不想承認是她的作品，但世界首位普立茲建築獎的頭銜，完全不損世人對她的景仰，當然，雲門天團被這種國際級場地邀約也是正常的，我也飛去廣州跟一群老友相見歡。

每次演出完，林懷民老師的人脈，在後台也是星光大道，各種政商名流影視紅星，誰都想跟老師說上二句，而老師中英雙語完全流利的社交能力，的確也是邁向國際的重要因素，演完的演後會談，更是大家人脈交流之處，而我總是像小影迷一樣，在後台穿梭，十足裝忙但偷窺明星的小粉絲。今天廣州首演，各方邀約長官依舊把老師包圍，我一個箭步很快的打了招呼，老師看到我沒多大驚喜說：

「誒，你又來囉。」

然後立刻說：「誒，我去尿尿一下。」

然後，不顧被雲集眾星包圍的他，帥氣的林老師，尿尿去了！

我們依舊在後台跟舞者哈拉，當時廣州大劇院的節目副總監，是我的台灣死黨，每次到後台，總有回到台灣的親切感。很快的，「乾爹」帥氣的從廁所精神奕奕的走出。聽說他總珍惜演後和各方老大交流的機會，也會帶著舞者認識這些藝文贊助商。的確，天團的背後，也需要天資，有錢有勢，好做事！就在老師遊刃有餘的分享創作經驗時，我又一個箭步到「乾爹」旁，小聲的說：

「老師，拉鍊啦，你的石門水庫沒有拉。」

老師愣了一下帥氣的說：

「沒關係，最好媒體拍到，上頭條幫助票房！」

換我愣住了。老師沒有某些天團的裝腔作勢或假鬼假怪，老師在面對我這樣一個小蘿蔔頭或各大媒體前，都是如此自在。我腦子突然閃過，半小時前，在台上風光謝幕的「乾爹」，如果拉鍊沒拉，雲門的門沒有關緊，會是怎樣的一個畫面？青春小鳥出來見客？性感內褲直接頭條？或是阿公高腰褲被人取笑？當然我的考慮是多餘，但也不是沒有可能，我內心的小劇場，也跳起了當代舞。

我很珍惜每一站我寡廉鮮恥跟「乾爹」巧遇的機會，其實很想知道在如此輩分高的腦袋下，裝有多少我不知道的雄心壯志或人生方向。還有一次我們又在首爾碰面，他跟我聊的不是作品，居然是說：

「誒，你看喔，我是不是要在韓國整一下，整得帥帥美美的再回台啊？」

身段如此之軟，話題如此之鬆，是我真心喜歡的藝術家。

跟「乾爹」的緣分一直在校外教學課，還有一個喝醉的花蓮午後。

當時多巧，我剛好回台度假，住進花蓮山區的一間飯店，有行政樓層那種。所謂行政樓層，就是一般住戶電梯也上不去，吃早餐各自獨立一區搞自閉那種，非常適合我們怕吵的人居住。這間飯店，也是以面山的整層行政樓層自豪，也是「乾爹」的祕密基地，他說每年如果有靈感枯竭或創作瓶頸時，就會躲到這山上充電。相較之下我顯得庸俗和通俗多了，我純粹，是因為這裡安靜，只要能躲開哭鬧小孩，對我來說都是有錢也買不到的豪宅！一年有三百六十五天，就這麼巧，在那天碰到老師，而且整個行政樓層，就只有我和老師二桌在吃早餐。我第一時間就認出「乾爹」，並不是因為他的石門水庫沒關，而是，怎麼會有人一早臉這麼紅？

原來，老師的充電，除了冥想，還有把自己灌醉！老師盛情邀酒，但我拒絕了。請原諒我的無理，但我一喝酒就頭痛，可能我整個假期都毀了。老師沒有酒伴，繼續又把自己灌醉。

「乾爹」突然感性又激動的說：

「你知道我雲門舞集壓力有多大嗎？我每天一睜開眼，就是上百人要養，好多個家庭要養，我多苦啊！（中間有省略一些髒話）」

或許酒後吐真言，或許借酒消愁，但我知道，這是實話！如果在學校，我們絕對聽不到如此的「真言」，但，真的是真言。學校永遠是取之不盡用之不完的資源，如果求學期間沒有體認到教育劇場有多幸福（就是一切有學校撐著的劇場），認為自己的成功或是被看見，是自己全然的功勞，這種人一畢業，就是失業，沒有學校資源，連自己都養不活。

夢想是建立在能力之內的，如果一直都住家裡吃家裡，連在外租房子的能力都沒有，不用來談什麼人生大道理。我很現實，但也是事實。

老師創辦雲門舞集快五十年，到底怎樣承受壓力的？真後悔那時沒挨著頭痛，跟老師喝個兩杯！

我其實很愛，也很怕看學校的「畢業製作」或「學生製作」這類演出。愛的是你真的看得到青春，他們就活生生的一塊肉在你眼前展現熱情，台詞生澀，眼睛發亮的幫你複習著你逝去的青春！但也很怕，因為一出場或謝幕，親朋好友總是炸裂的掌聲，完全一副你已經得了奧斯卡終身成就獎。但畢了業在江湖走跳過都知道，這些掌聲，都是因為他們認識你，他們看你畢業，看你在台上濃妝或搞笑很開心，看你上台了為你高興的掌聲，並不是你真正演得多好。殘忍的是，這些一定要畢業碰壁一圈、滿頭包之後的人，才能理解，也是我出這本書的目的之一。

江湖，才是你最好的老師。學校可以幫你，也可以害死你。

我一直感謝「乾爹」容許我沒大沒小的開他玩笑，他沒有教我跳舞，我的筋也沒有多開，但每次巧遇的互動，他都教了我太多人生的課，除了尿尿完拉鍊忘了關這堂。

第一堂課教會我的事

不被學校的掌聲迷惑，在江湖訓練的獨立思考和溝通能力，才是生存之道。

第二堂

資訊處理課

（一）梁詠琪的短髮

感謝正在閱讀這篇文章的您，不知道您的歲數，有沒有聽過MSN？因為在我們那年代，要轉達一個訊息，可能是傳真，可能是信件，更多是MSN，但這些都不夠即時，最便捷的，常常就是：你會遇到他吧，你幫我跟他說一下。

不像現在幸福（？）的年代，一個臉書限動，一個IG，一個群組LINE，全世界都知道你的動態，遇到許久沒見的人，只要平常有滑手機，似乎也沒多大陌生感，很快無縫接軌，彼此知道一分鐘前的事。這種透明感，享不享受是個人選擇，但如何拿捏存在感，真是科技爆炸的世代，每個人都要修的資訊處理科。

但，有人就是這麼白目，資訊處理課沒修好，也毀了自己名聲。

我真的很少跟人翻臉，畢竟人際關係裡很重要的就是：你永遠不知道何時會需要你的朋友。把這真實案例當成資訊處理課第一節，個人覺得相當寓教於樂，非常娛樂，非常人際關係，也非常白目！謝謝他，讓我知道沒有永遠的敵人，也沒有永遠的朋友。

梁詠琪，九〇年代炸紅女星，一首〈短髮〉，讓多少弟弟妹妹找回對愛情的勇氣，對生活的動力，我也是她的超級粉絲。曾經在金曲獎後台樓梯巧遇，胸部以下都是腿的氣質，至今令我難忘！我（當時）的好友，就是以模仿梁詠琪出道的鮮肉底迪，我就稱他為小G吧。

九〇年代的電視綜藝全盛期，一期以「尋找中性氣質」的男孩為名，找來各種清秀男孩說學逗唱，一起爭奪「最佳女主角」。小G有著無毛孔白肌和水汪汪大眼的天生條件，他穿了短褲，露出比女孩還美的嫩白腿，背上純潔的天使翅膀道具，在電視對嘴唱了〈短髮〉。

沒有濃妝豔抹，沒有熱歌勁舞，我不記得最後的名次，但我驚豔於這位出水芙蓉的小G選手，怎麼會有男孩長得如此漂亮。

（現在當然有，但請注意我們當時是沒有美肌和醫美的年代……）

到現在聽著梁詠琪的〈短髮〉，依然想到小G當時清新脫俗的表演。

人際關係法則又出現，你永遠不知道何時會需要這朋友。

幾年之後，一個聚會，朋友介紹了小G給我認識。

沒有臉書限動的年代，能見到小G本尊，就像看完演唱會去後台和偶像見面的興奮，也因為有很多共同朋友，跟小G也算維持不熟，但會互相幫忙，有工作互相請教的良好互動。當然，憑著小G清新脫俗的氣質，想要有工作也無需我幫忙，陸陸續續，小G也有了零星的工作，拍拍片、拍拍照，不是太有名氣，但也合作過一些導演，偶爾曝曝光、過過銀幕癮。

陳建州（黑人）曾經主持過紅極一時的節目《黑澀會妹妹》，當時為了一部林育賢導演新電影的選角，我和導演、彭于晏等人受邀擔任評審，之後也擔任這部電影的表演指導。

那時的黑澀會妹妹，哪個不是青春正盛，哪個不是出水芙蓉，我上課的第一句話就說：年輕絕對是本錢，但年輕不能當飯吃！而小G無害的好容顏，隨著青春的流逝，也顯得殘酷又現實。

你會做什麼？實力是什麼？就是證明一切的時候了。

拍拍片、拍拍照、打零工的青春歲月，也遇到台灣市場萎縮、大陸市場炸紅的後奧運時代（二〇〇八年之後），大批演員、模特兒、影視行業從業人員紛紛轉向大陸尋找更好機會。姑且不論混得如何或政治取向，不管怎樣，當時都是機會。過了幾年，小G也跟隨當時的伴侶，來到北京開疆闢土。

那時，我已在北京奮鬥兩三年，成績不敢說，但至少有點心得或人脈，（看似）無害的小G，也經過我的介紹，認識了北京經驗豐富的地產廣告大哥，不用簡歷，不用面試，得到一份很棒的工作，但，也是惡夢的開端……

我說過，青春流逝的時候，實力會證明一切。

師父領進門，成就看個人，沒成績就是沒成績，短髮唱一百次、露背裝反過來穿、內褲當短褲穿，都沒用！因為大家都在看，你到底會什麼？你的價值在哪？人人都想在北京闖出一片天的後奧運時代，我為什麼要高薪聘請沒有落地經驗的台灣人？

果然沒幾年，小G在北京也混不下去了，不知聽從哪個算命大師的建議，說澳洲有他的真命天子，北京人脈尚未建立起來，就搬去澳洲了。

其實對我們也是一種「解脫」，因為賣老臉把朋友安插在另一個朋友公司，沒有成績又不好意思趕走，趕走還要付資遣費。也好，說要移民去澳洲，順水推舟，去吧。我們養不了你，真命天子會養你。

我曾私下問他，為何去澳洲？原來他一直追求在海外的洋人身分和生活，他說：「我出國就是為了把自己嫁掉！」這種也算人生目標的話，好吧，尊重你，有本事去澳洲唱短髮賺錢養活或被包養，也算是你的本事。

（當時誰料到有新冠肺炎，現在台灣才是寶島！）

中間省略三千字之後，澳洲也混不下去了，說要到上海發展。

多巧，我當時就在上海，小G當然很有效率的把上海朋友聯繫了一圈。那時大陸早已經是微信朋友圈年代，各種群，各種人，各種工作，各種趴踢，都在微信可處理，完全是學校沒教的資訊處理課！

上海十里洋場，風花雪月三天三夜說不完，小G很快在某某群組裡，發現我也在那群，也很快的用一種氣場跟大家宣告：氣質脫俗的美麗小G重出江湖囉。我沒記取在北京賣老臉介紹工作給他的慘痛經歷，心軟的跟他聯繫。

小G隔天要去一個深圳朋友的party，但這位朋友，其實也不過是幾面之緣，一起看展覽的朋友，我唯一做錯的，就是對小G說了實話。

我想台灣、北京、澳洲都跑了一圈，人有所成長了吧？當年唱短髮的小G，也應該知道跑趴不是你生活的重心，不用說北京後奧運時代早已過，上海後世博時代也過了，台灣人在大陸的優勢，不是什麼文青腔或小清新，而是吃苦耐勞又便宜！

認命點，好好充實。

我跟小G說，其實你不用花時間去跟這些人打哈拉，你快想想來上海要做哪一塊！

我說這話當然是有根據。好友知道我喜惡分明，要批評，一定有根據，就像再難看的戲，我會咬著牙看完，才有資格批評。

這位深圳朋友本來就是做飯店營銷企劃，所以常出公差住飯店，或用點數換得酒店住宿，長期發文。不知情的人，就覺得是個「成功人士」，出入都住飯店，需要工作的小G，當然不會錯過這樣的趴踢場合。

另一方面，愛喝酒又沒有酒品的個性，也是我好心提醒要提防。

精彩了，我這樣短短的提醒，變成了小G在party跟深圳朋友的「開場白」：

「我跟你說，但你不要跟金煌說喔，為什麼金煌這麼討厭你？」

炸了，完了，丟臉轉生氣（台語）。

深圳朋友此時完全派上用場！

深圳朋友在party開始前已經酒醉，小G的開場白，讓我立馬成了炮灰。

深圳朋友也妙，手機一按就可以找到我，但偏在群裡各種難聽的留言，問候祖宗八代，一聽就知道是喝醉。跳過髒話不寫，有一句我有聽到重點：

「小G叫我不要跟你說。」

是太傻太天真還是太白目？資訊處理課沒有學到同步這功能嗎？現在這世代，造謠還怕別人知道？唯一沒料到的，是深圳朋友當著小G的面，留言給我；我也秉持著就事論事、大家都會喝醉的菩薩心，第二天平心找小G求證。

算算，我和小G也有十幾年友誼，而且北京還幫了他大忙，不懂感恩之外，還造謠讓大家感覺好像他知道很多祕密的存在……

然後說：「我跟你說，但是你不要跟他說。」

是在哈囉的幼稚行為，還沒有結束……

我留言，不知有沒有聽（因為微信沒有已讀功能）；

我在臉書直接tag他，不知有沒有看（我不喜歡隔空叫囂，我喜歡理性對談，儘管是吵架或誤會）。

我一樣和這些朋友去看展覽，大家裝作沒事，或是就相信這事是真的了；

我試著要朋友轉達他，不要誤會我，沒回應。

我想，是該和短髮說再見了。

就像梁詠琪唱著：我已剪短我的髮，剪斷了牽掛……

多年後我回想原因，可能是因為我在那群的「被關注度」頗高，因為大家很愛討論台灣跟大陸的愛恨情仇，而我是唯一的台灣人。

小G到了這種局，想要用拉近距離、用否定別人來肯定自己的存在感，身為表演老師的我用角色分析，應該只有這種可能了。

我在臉書大方分享這事時（畢竟沒有惡言相向，我是真好奇原因）……有個多年學弟好友偷偷告訴我，有次他們一起拍片，實在因為上個通告延誤，趕不上和小G的下個通告，但當時也不是一個LINE就能傳達的，學弟好友請小G趕去劇組知會遲到並致歉，但，小G什麼都沒做，也沒說，學弟到片場，被劇組臭罵一頓。

阿德勒心理理論也提到，用介入別人的行為，得到自我滿足，拿回控制權。人際關係中，否定別人來肯定自己或讓自己被看見，的確第一時間大家都會對你行注目禮，似乎你是擁有話語權的那位，但資訊發達的年代，怎不擔心話立刻傳回當事人？

「我跟你說，你不要跟別人說，如果你要跟別人說，就不要跟別人說，是我叫你不要跟別人說的。」

孩子啊，這繞口令的人生，你不累嗎？

（二）我是誰，我從哪裡來？

台灣有幾年一直很流行「小確幸」這詞，放在好的那面，可以說是知足、滿足，因為一點點的事情而開心，踏實的把握生活當下；但放在壞的那面，也可說是井底之蛙、沒有競爭力、不知江湖險惡的代稱。

台灣真的太小了，臉書幾個朋友串連，似乎就看懂了全世界，對於我們自由工作者來說，只要積極聯絡人脈，肯學肯做，基本上餓不死，但也吃不飽。鑑於這十多年（疫情之前）大陸市場開放和需求，我們突然成為十多億人口的競爭對象，或說，要把自己放在十多億人口中，自己的優勢在哪裡？

我是二〇一〇年離開台灣去北京定居了五年多，剛去的第一年，叫車系統和微信通訊都沒有，是微博和QQ的年代。那時的微博，像極了個人簡歷，發文、照片、文字，都是個人的代表面向。微博的年代，更是個劇組認識新演員的資料庫，當時的美顏美肌都不像現在這樣發達，基本上本人和照片不會相差甚巨，很多選角導演，也是從微博去發掘新人。

但台灣人在微博的使用就相對少了很多，二〇一〇年，還不是ＩＧ的年代，也沒有現在的直播或YouTube平台，相對火紅的，還是臉書和粉絲頁的曝光，只是，大陸需翻牆才能上臉書，於是台灣新人（尤其沒有經紀人的新人），基本上直接輸在起跑點。沒有微博或ＱＱ的經營，大陸資方很多也不願一直翻牆臉書，想要第一步認識你，最傳統的就是：跟你要簡歷。

學過表演都知道有個基本功，要為你的角色寫自傳，可以叫角色功課，可以叫演員小傳，或是人設追求：我是誰？我從哪裡來？我的主要目的是什麼？阻礙我的原因是什麼？……很多的自問自省，都是當演員要做角色功課必修練之路。

簡歷也是，如何在最短時間內讓甲方對你印象深刻，如何在十幾億人口中，說服甲方你可以勝任這個工作，也成了我這幾年學習最多的「資料處理課」。

台灣演藝圈或劇場圈實在太小了，幾乎靠朋友的誰誰誰推薦，喬一下時間就去排練演出了。這幾年慢慢還有甄選、甄試的過程，早期甚至有自大的演員聽到甄選，心裡想：你不知道我是誰嗎？居然要我去甄選，而且還不一定用我！

我只想說：請離開舒適圈！在華人市場，抱歉，還真沒人知道你是誰。

於是寫簡歷，成了大家認識你的第一課，也成了我最常火大的地方。

「老師，我沒有簡歷誒……」

「老師，簡歷要怎麼寫啊？」

「老師，我一張照片都沒有，生活照可以嗎？」

台灣的小確幸，害死了一幫人，也阻斷了一幫人！

這堂資訊處理課，說說學校沒教的課，江湖一定要學的課：寫簡歷。

一、不要生活或美顏或紅唇

我知道你可能生性活潑大方，把甲方都當成哥哥姊姊一視同仁，但健全和專業的劇組，是會認真把照片和角色進行配對的（太高太瘦太胖甚至太美，都有可能是淘汰原因），不要拿那種臉書自拍或嘟嘴比YA的生活照，當作別人認識你的第一步，尤其是前置攝像頭可能畫素又過低，背景模糊，曝光過度，都是死穴！

我還拿過合照的照片，然後註明：老師，我是左一。真的很讓我無言……

而現在要藝人不修圖發文，真的比登天還難。可以修，但千萬不要使用一鍵美顏功能。要修，就磨磨皮遮遮痘、修修色澤或打亮顴骨，背景去乾淨，衣服有品牌logo的蓋一下；如果一張照片都沒有，真要應急，穿個黑衣在乾淨白牆前拍一張，顏色調成黑白，都比一鍵美顏好太多，千萬不要美肌美到像照片泡了水般的柔焦，甚是可怕。

很多試鏡單位也會提醒：請勿濃妝來試戲！可以穿和角色類似，但除非你來面試殭屍或屍體的角色，不然粉底請小心使用，更要小心脖子的色差（尤其台灣潮濕的氣候，很容易脫妝）。

另外，除非你有舒淇的氣質或國際臉，請不要自以為可以增加氣場，選擇大鮮紅唇色。現在韓風流行，幾乎女孩妝容都是粗眉、紅唇，但氣質撐不起來時像極了三線阻街女郎，而且是沒有生意的那種！拜託，一點點唇色即可，你不是來應徵吃檳榔的。

二、不要word檔

交付簡歷不是要你寫博士論文，不用落落長的word檔，沒有一個甲方會耐心看完；而且電腦相容的關係，很多格式會跑掉，照片和文字疊到天荒地老。

二〇一八年和《翻滾吧！男孩》導演林育賢（喵導）一起工作了舞蹈電影，那時需要非常大量的舞者和演員資料，也因為我和喵導都是台灣班底，多少私心想給台灣演員或舞者一個曝光機會。當時投資方是大陸數一數二的甲方，也是他們投資的第一部舞蹈電影，機會難得。

從我四處蒐集的舞者簡歷，可以立刻看到一個自由工作者對自己的定位和評價。撇開能力不說，給個word檔，整個氣勢很弱；有的像是寫論文，有的就姓名身高體重兩行字，我心想，酒店叫小姐的資料可能還比你齊全。

而簡歷給得零零散散的，多是台灣演員……

簡歷，視覺上最合適的是PDF檔，如果有影片連結或照片太多的，可給PPT檔，方便複製，排版上格式也清楚，點選或閱覽文字，都舒服。

PDF檔不宜超過四頁，PPT檔不宜超過六頁（我是指個人簡歷，如果是公司提案絕對要更詳細），文字不要多，寫重點。如果真湊不出文字，硬擠一些對表演或藝術的追求這種屁話，讓甲方覺得你很有上進心。

寫太多的請收斂，不用交代祖宗八代，因為真的很少人會看完。

三、學校作品請跳過

除非你真的是新人，新到完全都沒作品那種，不然學校幹過的事，抱歉，不用寫在簡歷！

如果有得獎殊榮可提一下，不然那種學期呈現或畢業呈現，都是屬於自爽型（有看過學校製作吧，演員一出來都還沒演，觀眾就捧場尖叫……的那種自爽）。

我們看的是江湖經驗，而不是學校作品。尤其有一種簡歷特別令人害怕，非常完整的寫出學校參與的每個戲和演出角色。除非你是在角色裡有突破演出或男一女一，不然學校演的，我們基本上都直接跳過（這很殘忍，因為那可能是你研究角色功課最認真的幾年，但，江湖就是如此，所以才說請離開舒適圈）。

說一段會激怒老師的話：很多我的老師，出國之後就回學校教課到退休，完全沒有在外操作過一個製作、指導過一個作品、提過一個案，簡單來說就是：

不用學校資源，老師就不會做戲了！

所以老師根本不會教你如何寫簡歷啊！這也是我出書的原因，因為我最好的老師，叫江湖！江湖，硬是讓我一夜長大。自己想想，離開學校，你還有競爭能力嗎？

再來分享江湖致勝的小偏方：

一、把自己當甲方

你可以換個角度，如果是你看到簡歷，這位應徵者的獨特點在哪？盡量列出你和其他競爭者的優勢。

我常用「首位」這個字眼。把範圍縮小，拿我當例子：

陳金煌，台北藝術大學戲劇系畢。和……

陳金煌，台東首位考上台北藝術大學戲劇系殊榮。

背景不變，但我把範圍縮小了，在有限的空間內，殺出「首位」的可能性。

也許你會想，我沒有首位殊榮啊！那我會回答你：當你的實力支撐不住你的夢想，請好好當個學習者！也許這樣，你會更謙虛，更珍惜所有工作機會，更不會抱怨。

二、善用合作團隊

不是所有人都有「首位」殊榮，但合作團隊都是幫你背書的保證人。

前面的篇章有提到，二十到三十歲，是不停犯錯和認識人脈的年限，一定要謙虛地跟各種大小團、大小導演、大小製作合作，錢少一點沒關係，但賺到人脈，這時就是簡歷上合作團隊「免費幫你背書」的時候。例如曾經在果陀劇場擔任群演或群戲演員，你不用落落長寫出果陀哪齣戲、哪個角色，畢竟不是重要角色，甲方可能也不認識這戲，但你要讓甲方知道，在年輕的時候，你就「合作」過果陀劇場，也是有努力在跑江湖的本事，如果甲方有熟知此劇團或合作過的老師，很自然在第一關就對你印象深刻。

這個邏輯很像銀行貸款，報稅紀錄中，甲方的品牌名氣，攸關你的貸款成數。

三、寄出後的確認

當簡歷寄出去之後，我常用「有沒有什麼需要加強？」或是「格式有沒有跑掉？」這些詢問，再讓對方感受到自己的專業和誠意。

我的手機裡，隨時有一份更新的 word 檔和ＰＤＦ檔簡歷。word 檔是隨時依照甲方的屬性調配順序，越接近甲方的放越前面，方便編輯；ＰＤＦ檔是在對方急要時，能第一時間給出上得了檯面的自我介紹。

江湖甲方很多是如此，每次都很急很急，但一旦你給了，就突然不急了。所以第一時間寄出，過幾天確認後續增加記憶度，這是不敗祕訣；一方面讓甲方感受到效率和誠意，二方面真的有時信件就到垃圾信箱了，尤其是首次合作的劇組。

我是誰，我從哪裡來，是演員的角色功課；
我是誰，我從哪裡來，更是演員的簡歷功課！

大陸有位演員叫韓東君，我在某一個商演案子請了他拍一支短片，短短的幾秒表現，我就覺得這孩子大有可為，立刻請劇組幫我們安排見面，看看本人的企圖心和氣質（因為當時簡歷照片拍得太像泰國「上班點鐘」的男孩，所以好奇本人表

現）。（編按：上班點鐘即應召）

吃飯過程中知道，他除了是上海戲劇學院畢業之外（學校稱他「上戲八塊肌」），也是留學加拿大的高材生，更是得獎級運動選手，不但人高馬大氣質佳膚質好，還天天健身，從不偷懶；畢業後去了北京演《山楂樹之戀》舞台劇版充實自己，當然我也去捧場了。

當時我問他：「你條件已經這麼好了，是什麼毅力讓你一直這麼拚？」他說：「老師，這不像台灣，我們每年幾千位新人，我能不拚嗎？」

想想，自己覺得丟臉，好像問了一個笨問題，果然這就是演員自律的最好寫照。

果然不到半年，他拍了《無心法師》，網路都看得到，當上了第一男主角，也簽給了更大規模的經紀公司。

再回想台灣藝術工作者，說我們幸福嗎？還是小確幸害得我們沒有競爭力？

簡歷是所有人認識你的第一步，要謙虛但獨特，把自己獨特、首位、唯一、少有……跟別人不一樣的地方找出；找不出，你會更謙虛更珍惜，找出了，放在哪個位子，你都有自信。

我在台北藝術大學（當時叫藝術學院，所以念五年），從來沒有任何一門課教這個，也沒有老師跟我說……

我多麼希望這篇我的老師們會看到，但不要殺我。

（三）網美養成記

北京奧運之後，帶起了奢侈派對風潮，尤其在送禮文化沒有被禁止之前，辦派對、比行頭、社交生活和展露財力，才是炫耀人脈的最好時機，有一陣子甚至連寵物都不得閒，一堆土豪養起了西藏獒犬，原本是國際社交上互贈厚禮的寵物，一夕之間身價飆億！談判或開會牽著獒犬出席，一亮相生意就談成一半，因為號稱東方神犬的牠，不是有錢就買得到，還要有人脈，血統的純正和拿到的管道，完全是炫富的頂尖。其實人和動物也一樣，在派對上就是一隻動物，參加派對不稀奇，受邀哪種派對、拿到哪種邀請卡的門道，才是人脈的表徵，網路發達的資訊處理課，來談談奢侈派對上的動物，名叫：網美。

網美這種生物，大概是這五年興起的商機，網美等級也有分很多，基本款就是把濾鏡調到最高，穿著淘寶買的「仿」名牌，拉著主人拍一張好像很親近的合照，濃妝豔抹的背後，更多是蹭蹭免費酒水的目的。為了治裝，這類網美也是絞盡心機，有些人拿著最當紅的服飾照片或版型，去類似五分埔和永樂市場成衣店，做一件「跟名牌致敬」的膺品；有些更勤勞的，會治裝穿過一次之後去退貨，不管怎樣，也算努力刷出自己的存在感，為的當然是點讚率之後的業配或代言，有了流量，就成了我們說的另一種網美，媒體稱：帶貨女王。在自媒體幫客戶賣東西抽成，省了明星代言，省了店面租借，一舉數得。當然，賣仿冒品的也不在少數。

不管是一般網美或帶貨女王，最重要的，就是把自己捧紅，在重要奢侈派對上拿到一張入場邀請卡，成為人生贏家的第一步！

我不是網美，也不是帶貨王，但我拿到了一張高端奢華的入場券，珠寶品牌卡地亞（Cartier）的一場奢侈晚宴，辦在北京遙遠的一座馬場，服裝要求是男：燕尾服，女：禮帽。晚宴從下午開始，因為要舉辦正統的「馬球賽」，觀看球賽之後，還要在馬場旁用膳，完全是英國王妃的外交行程吧！

馬球賽的英文是Polo，有沒有很熟悉？就是某品牌Polo衫上的圖案，也可想像就是一堆褲子穿很緊、屁股很翹的紳士在馬上揮球，然後一堆社交名媛穿著經典馬裝或是大盤禮帽，很優雅的在球場外為選手加油。球賽看不懂沒有關係，但一定要完妝到。有一個環節更不能錯過——在中場休息時，要拿著香檳，走到馬場裡和選手聊天，順便遞上一杯酒！馬和女人，頓時都是動物，前者炫技，後者炫姬，越精彩奪目的帽子，越如沙漠妖姬上的聚光燈，一眼就被認出。

馬球賽也是世界最古老的運動之一，網路上甚至說馬雅時代就有類似的競技，傳入歐洲之後，一躍成為最時尚和奢華的代表，因為除了力道技巧，服裝的整體時尚感和群芳鬥豔的場外畫面，也讓媒體狗仔津津樂道。

也難怪時尚圈「禮帽」的設計，從沒少過，英國女王出席重要場合時，也會配戴禮帽彰顯優雅。沒吃過豬肉也看過豬走路，馬球賽和珠寶品牌的晚宴，絕對是各類網美必爭之地，我拿到一張入場券，必須好好刷個存在感！

很榮幸的，當時一起的工作夥伴在外交部擔任要職，我也順理成章成了受邀者，擔任跟屁蟲和一日網美，一窺矯情的上流生活！

在北京五年多的日子，不乏各種派對和擺闊的宴會，但從受邀到結束，卡地亞真的請收下我膝蓋，我衷心佩服他們的細心！第一次覺得自己是巨星，也差點迷失在網美的假象世界裡。首先邀請對象的頭銜，就已讓人快迷失，中英文打上你的名字，幫你寫上「演員／導演」的頭銜，看起來就很高大上，管你演過啥戲、導過啥戲，拿到邀請函印上這頭銜，就是爽。接著更爽的，是有專車接送！

上下班，北京就成為全世界最大的停車場，我想待過北京的人都不會有異議。能有專車接送，省去叫車等車之苦，是Cartier令人佩服的第一點，專車會跟你確認上下車地點，還有接送的師傅辨識（名字或制服），接著，就是一個多小時，到北京郊外的馬場。在馬場辦奢侈晚宴，沒有做不到，只有想不到！在車上，會有本日的馬球賽制說明，讓你「假裝」很懂馬球，晚宴聊天不會乾掉，資料處理課的細節，做得很好。

經過全世界最大的停車場北京東三環之後，我們來到遠得要命王國，叫車都不會到的北京馬場，塵土飛揚，海市蜃樓般，隱約已看到入口區，當然不是用氣球或俗氣花朵編織那種入口，而是低調的Cartier小小招牌，打著冷調色系的那種奢華，配合當天北京的霧霾，隱約有回到大漠邊境觀賞球賽的既視感，霧霾，成了最好的燈光設計！

迎賓處用姓氏的英文拼音進行報到，這一直是快速將客人分流的好方法，例如我姓陳，就是CHEN，於是找到C即可報到，也適用於外國賓客，只是台灣用ㄅㄆㄇㄈ，這方法一直無法廣用。報到後，先來到「大眾交誼廳」，就是輕食吃到飽和互換名片的最好時機，那時各方名媛也還沒喝醉，大家妝髮又是最好的狀況，於是成了行程第一波打卡聖地。主辦方也深知名媛網美打卡之重要，該有的背板、蘋果光、擺設道具、各類盤帽的道具，一樣也沒少。我總是喜歡在派對上跳脫自我看這一切，就像奇異博士電影般，用被打出的靈魂，看著派對這一切，非常出戲，也非常有趣，而我最喜歡觀察的，是腳趾甲。

因為女孩（當然也包括男孩），上半身的妝髮是映入眼簾很好被注意的，但穿著高跟或涼鞋的配搭，露出的腳趾顯得格外重要；腳趾乾淨、趾甲沒剪、後踝脫皮、趾甲油脫落，魔鬼都在細節中，尤其是腳的小趾，藏在最後端，但也顯得最重要。

再來是脖子和粉底的色差。有些人一味追求「白」，或是在燈光太強的化妝間補妝，完妝之後我忍不住想要跟國劇名伶致敬，有必要白成這樣嗎？而且脖子的色差，反而凸顯了臉的暗沉。現在有一種BB霜，號稱可以感應每個人皮膚的色澤，自動調成最適合你的粉底色階，我是不信這啦，因為名媛們就是死命拿起蜜粉往臉上蓋。一白遮三醜可以理解，但蓋成鬼新娘或藝伎回憶錄，我就比較看不懂了。

男孩更是，現在男人化妝早已不是新鮮事，但找到自己的色號和小心脖子的色差，很多人就是學不會，派對處處可見色階差三號的坂東玉三郎，差不多也是歌舞伎町剛下班的概念。我自己的經驗，男孩的潤色隔離霜就可以達到裸妝透澤的效果，當然，前提是平常要保養，若臨時抱佛腳狂蓋粉餅，我也只能說是：向日本能劇致敬！

接著是精彩的馬球賽，一個千年最古老、現在最時尚的球賽，場邊網美們將視線投到了球場各種翹屁股，馬也翹、人也翹，看不懂沒關係，我就乾笑，並且偷聽網美的聊天。看不懂裝懂拍照之外，有一個場景我也會心一笑，就是各種被大盤帽擋到視線的頭……

也許當時觀賞球賽的觀眾席是有階梯高低的，不像現在是自由的走動和吃東西，我心想，馬兒如此遠，帽子如此大，最好網美們都看得到。我一個箭步滑到側邊（當然我一八二公分高，也很少人擋得住我）用九十度的視野，同時看著馬場和觀看區，網美看著馬，我看著網美，心裡小劇場想著，你們這身裝扮和高跟鞋，網美辛苦了，而大家的粉底，何時會被霧霾蓋上呢？我總是如此，在越喧鬧的場合，我越冷靜。

中場休息到！名媛們要走入草皮和選手聊天了，每一組都練就了一身好本領，對空氣微笑，每張照片都像極了奧斯卡紅毯前的揮手致意，這我佩服。對空氣演戲，我都笑稱是「神明場」，演給好兄弟看，但不馬虎。網美們不畏霧霾，不畏昂貴高跟鞋要走入濕草皮，不畏聊了很多天可能會有的口臭，硬是要跟馬拍一張的決心，值得我學習。想想，我上次跟這麼多馬合照，是發生在付錢的遊樂園或台中后里馬場吧？但這裡，有紳士般的制服帥哥，盤帽般的禮服美女，健壯精瘦的英姿馬匹，不刷存在感趁何時？看著看著，我餓了！抱歉，北京五環外是沒有熊貓外送或Uber Eats的，我恨不得球賽快結束，直接進入晚宴。

我跟網美一樣，下半場也顯得疲憊，反正卡也打了，照也拍了，妝也快花了，去廁所補個妝吧！打開流動廁所，我驚呆了，真的魔鬼在細節裡。

首先，Cartier很重視味道，打開洗手間，不是一般流動廁所的屎味，是一陣清香的花味，除了乾淨之外，是陶瓷馬桶！陶瓷馬桶，陶瓷馬桶，說三次有看懂嗎？在流動廁所裡每一間，都是乾淨的陶瓷馬桶，意思就是，卡地亞把廁所這一大區，全部包圍，施工成單間單間的獨立洗手間，這種細節，是我跑過這麼多戶外派對以來，最奢侈的細節，也是我唯一想打卡拍照的地方！陶瓷馬桶的獨立流動廁所，我至今未看過第二次！

抱歉，從馬桶有沒有屎味的話題，立刻跳到晚宴，因為主人用著流利的雙語，介紹晚宴開始了。原來球賽旁一大區用白色棚子搭起來的未開放區，就是我們的晚宴區，此時又是一次的階級分類，因為不是所有人都受邀晚宴，有另一張邀請函的人才能入內。時間一到，白色大門敞開，陣陣的撲鼻香，除了隱約的菜餚，還有滿滿的鮮花！

鮮花擺置，也是我看派對的細節，這場晚宴的大布置小布置，全都是用高雅的淡色系花朵點綴，再打上像入口處一樣的冷系藍光，真的很有情調，一秒鐘進入Cartier低調奢華的高雅風，完全忘了外面是塵土飛揚的馬場。然後，座位安排，才是真正派對彰顯階級的最後殺手，一個滿場飛的高流量帶貨女王，如果被安排到角落邊桌，她的身價大家心照不宣；一個沒沒無名或穿著隨便的路人，能被安排到主桌，或主桌旁，所有人還是刮目三分！同行友人是法國外交官，太多活動和Cartier合作，我這個死跟屁蟲，被安排到最主桌，嚇壞寶寶我了！因為同桌的，分別是VOGUE時尚中國區最大頭，氣場十足，中英法文全通。我心想：網美，真的不好當，我就要破功了，被識破是跟屁蟲了！坐她身邊的，就是今晚的主人，也是一位氣場十足的女王，我內心終於知道「表演課」的重要性：我必須撐著一種能量吃飯，用著一種表演活著，至少，撐過今晚！

女主人先丟了一個話題，也炸開我的眼界，她問：

「那，今晚我們用哪種語言交談呢？」

因為同桌各色人種都有，而看過Netflix《艾蜜莉在巴黎》影集的人都知道，要法國人說英文，是要他們命，很幸運的，我們在大陸，就得說普通話，於是中文和法文，成了當晚雙語的主軸，我一方面寡廉鮮恥的撿法文單字聽，一方面鬆口氣偷笑，算短暫逃過一劫。

在更正式的老法國時代，宴會初見面有很多話題不能碰：薪水、性向、年紀、職業、婚姻、家庭……，我猜這就是為何法國人喜歡聊紅酒和美食的原因吧，因為沒啥好聊的啊！東方人喜歡的話題，在歐洲好像幾乎都是禁忌，台灣的三姑六婆如果活在老法時期，絕對叱吒四方，嚇死八方，開頭直接問：

「你做啥工作啊？一個月賺多少錢？」

「結婚沒？有小孩嗎？」

如果有小孩，就開始幫你教育小孩，或是幫你決定人生大方向。

儘管法國人愛抱怨和自私，但對於不侵犯隱私這塊，我倒是很欣賞，只要你大方說：「這是我隱私！」沒人會有異議，主動閉嘴。

主人很得體的聊起了紅酒、今晚的食物，然後從烹調的方式，反應出各個國家的飲食差異，例如東方人喜歡先喝湯，西方人習慣餐前有小酒；法國人鹹的和甜的是兩種胃，鹹的吃完才能吃甜點，東方人鹹甜酸辣，來者不拒，啥都能吃。既然是江湖教會我的課，我一樣會跳脫思維想，你看，這就是我們實實在在會碰到的社交環境，真真實實看到虛假和社會的交流，但學校就是沒教我們如何應對這話題。法國高考的哲學思辨申論題，啟動了青少年獨立思考的能力；我們聯考有正確答案的選擇題，將對錯直接二元化了，非黑即白的思維，絕對是扼殺我們創意的源頭！

通常上甜點之前的幾道菜，就是像酒家小姐「轉桌」敬酒的精彩時刻，慶幸我坐的是主桌，所有三教九流都要來跟主人拜碼頭，各類網美也抓緊時刻拍照，我佩服的，是記住名字這功力！比較上道的賓客，會主動報上名字和說出上次見面的場合，比較白目的賓客就會說：「嘿嘿，你還記得我嗎？」這時就是考驗主人的危機處理和臨場反應。

真正高檔的宴會還有一種細節，你會在派對前拿到賓客的背景資料和照片，上面記載他的職業，讓主人在交流話題時，知道哪些能說哪些不能說；但這幾年這種資料檔案很惱人，為何呢？因為美肌照片和濾鏡矯枉過正，我親眼看過這種「機密文件」，就是照片提交的，和本人差距甚大，儘管站在面前，你也想問：「小姐您哪位？」更不用說現在醫美發達，每個名媛的臉都在進化，能第一眼叫出名字的，都是真愛了。

另外，正式的外交派對也會有一個特助，專門在老闆身旁，提供「估狗或維基百科」功能，例如迎面而來的客人，特助上一秒要用迅雷不及掩耳的速度和音量，第一時間提醒「他是誰」，然後主人下一秒和賓客交談，配合得天衣無縫，甚至會記錄上一次宴會交流的話題，或是沒聊完的話題，真的會讓客人感到尊重。

我就曾經擔任這種「提詞員」的重責大任，主要也是因為工作夥伴是法國人，可能看我們華人都一樣，畢竟，卸了妝，不是只有女生不一樣，男人也會有差別的，所以我欽佩同桌的主人，遊刃有餘的遊走在各種敬酒、社交，沒有一位助理，身旁還帶著她的混血小孩。這才是真正的頂尖網美吧！優雅，又從容。

從中午一路「演」到晚餐，大家都累了，專車也很貼心的分批將賓客送至各自的家，然後，微博、微信……各種公眾號，都被這場精緻的Cartier馬球晚宴洗版。因為要做，就做到極致，把賓客帶到近郊馬場，直接在球場打馬球賽和舉辦晚宴，這種財力和創意，沒有幾個品牌幹得到。有趣的是，我刻意點開幾位「自帶流量」的網紅在宴會拍的照片，我X，還真有差距——各個修圖修到美若天仙，或是搞得這個宴會是為她舉辦的，殊不知現場只是坐在遠得要命王國的座位，甚至，連晚宴的資格都沒有，看完球賽就放牛吃草。網美養成的資訊處理課真的好辛苦：要懂化妝，懂穿衣，懂交談，懂餐桌禮儀，懂搶C位拍照，懂打卡存在感，懂修圖，懂擺拍，懂製造話題，懂自我感覺良好……而我，只是洋洋得意的跟朋友炫耀：

我坐主桌，而且我上過陶瓷馬桶的流動廁所！

第二堂課教會我的事

不要被過度修圖的網路點讚迷惑，不要靠否定別人來爭取自己話語權。

第三堂

體育課

（一）你的溫臀只有我看得見

在我還擁有青春肉體時，我曾自助旅行，一個人去荷蘭阿姆斯特丹增（體）加（驗）藝（放）術（盪）氣（自）息（由）。去過那城市的人都知道，有一條著名櫥窗街，每位「身體工作者」，擁有自己的一格小天地，空間就類似台灣檳榔攤位，在小小的天地裡，人人花枝招展，濃妝豔抹搭配夜店紫光反射效果，粉嫩的肌膚完全掩飾歲月的皺紋。透明的櫥窗旁，有個直通的小小暗門，你可以隨時讓搔首弄姿喊停，打開暗門在旁議價，議不好，妹子擺個臭臉回櫥窗繼續扭；議得好，從暗門進去櫥窗，拉上窗簾，好好享受兩人的體育課。

阿姆斯特丹用身體賺錢的情色藝術，對於當時從台東北上的我，算是視野大開！但奇怪的是，我從小對裸露或性這事，比一般孩子更超前部署，也不是不好奇，就是很少大驚小怪。說說一則真實發生在自己身上的「性騷擾」，但，沒有發生作用的性騷擾課。

在阿姆斯特丹閒晃的日子，除了櫥窗街，情色用品店是一定要朝聖的，亞洲人年紀本來就容易騙人，更不用說當時我不到二十六歲，一個人走進這種店，絕對是鮮肉中的鮮肉，果然立刻被盯上。

我靜靜的在架上瀏覽著世界奇觀，對各種充滿創意的情趣用品嘖嘖稱奇，一轉身，一位豬肚肥腸的大叔，也很有創意的，把褲子拉下來站我對面，握著升旗的荷蘭XX跟我致敬，第一時間我不但沒有驚訝，飄過腦子的居然是：對誒，肚子大那邊真的看起來比較小……

哪來的淡定和從容，我甚至還回答了他的挑逗——

他說：「需要任何幫忙嗎？」我說：「不用了，你有的我也有。」

接著，升旗的大荷蘭，慢慢變成中荷蘭，最後縮成小荷蘭，再消失在他肥胖的雙手裡，嗯……對的，肚子大那邊看起來真的比較小，我心中又閃過這念頭。

之後跟朋友說此事，他們驚說：那就是性騷擾啊！為何不報警？

我說：「是喔，但我沒有驚嚇，也沒有不舒服，只是很淡定的看著這一切，也許我不覺得有怎樣吧！」

「我不覺得有怎樣」，也是這篇要說的重點。事件本身看似沒有什麼，但外人聽起來看起來就是如此不舒服，這分寸拿捏，就要從美麗的屁股故事說起。

看過舞蹈表演的人都知道，男女舞者（註一註二）都有一種很貼身很貼身的肉色舞衣，

一方便防止走光，二方便也把私密處包覆，不讓形狀太外顯。

因為顏色幾乎和我們皮膚相近，有時我們就會稱為肉胎。

男舞者更是極致，有一種就是丁字褲的肉胎，和原住民達悟族不同的是……

舞者的肉色小丁，沒有層層的包覆，所以也不會太多皺摺。

甚至有時為了美觀，跟女舞者一樣，也是要修比基尼線的，若搭配燈光和舞台效果，完全就是行走的賀爾蒙和膠原蛋白，多麼賞心悅目的青春體育課！

但，若十多年，所有青春肉體都要穿上丁字肉胎，甚至會幫學生拍清涼照的老師，你怎麼看？

「我不覺得怎麼樣啊！」

好吧，就像當初我在荷蘭遇到的變態大叔，他的行為影響不了我，我也沒有因此留下陰影，但，我能學會拒絕嗎？尤其在一個體制完整，或是身為老師的要求之下，我如何說不？你想維持好的師生關係、人際關係，心裡那關就是過不了時，請勇敢拒絕！

我一直很推崇阿德勒心理學，你的情緒是你的事，但我有權利表達我的情緒，不是撕破臉，純粹就事論事。

「我不覺得怎麼樣啊！」是從一張排練場照片流傳出去的。

也算感謝手機（偷拍）的方便吧，記錄了「我覺得有怎麼樣！」的這張照片。這是一票青春未滿、賀爾蒙爆滿的男孩，在排練場接受老師的「定裝」，沒有懸念的，男孩都穿上了丁字肉胎，接受老師的「手動調整」……

調整褲子的位子（就一件丁字褲，是要調多久），被調整男孩們的「小男孩」，左偏，右偏，上放還是下放，過程有如男子當兵式的完整體檢。

男孩們嘻笑地排排站，排練教室當然不像舞台有側光或油光的效果，其實，男孩的身形，多是扁身沒有肌肉的，畢竟十多歲的孩子，多數還是青春小鳥的綻放年代，比起成熟舞者因為舞蹈本身須展現力與美，穿上丁字肉胎來表現劇情（例如林麗珍或林懷民老師的作品，男女常身著肉胎，舞蹈需求和極具美感的舞台燈光渲染，完全合理，觀眾也體會身軀之美），差距甚遠。

但，請問：讓一群孩子穿著丁字肉胎，舞者技巧也不到成熟力與美境界，這是新生的體檢洗禮？還是穆斯林去包皮割禮？穿這樣跳這樣不是不好看，是覺得沒必要，很難不往「只是為了滿足編舞者私心」去聯想！

如果我站在荷蘭的櫥窗前，看著十多歲的青春孩子穿著肉胎，我可高興了。不用從小暗門議價，行走賀爾蒙，彈跳膠原蛋白，看到賺到！

但，這是一群涉世未深的孩子，可能戀愛經驗都未滿，卻要「為藝術犧牲」，穿著幾乎沒穿的衣服，舞動不適合他們自己的動作，我，真的不懂……

我想再次強調，不是穿丁字肉胎不好，是太多次我看這位老師的作品，都是穿得很少的體育課；編舞技巧青菜蘿蔔各有所好（我個人覺得毫無新意），但讓還在發育的孩子穿這樣，作品也跟敘述的內涵無關，才讓我頂著被大家私信公幹的勇氣，寫下這篇。

除了林麗珍和林懷民老師的作品，我也拿去年雲門2的《毛月亮》舉例：劇中幾場儀式性的編舞語彙，男女舞者多數穿肉胎，好幾層高的超大投影中，甚至是正面全裸的男舞者形象；但當時的氛圍、敘述的故事、舞者的狀態，都是合一的，丁字肉胎看得我們熱血奔騰，完全是加分效果！

當時我還想，《毛月亮》這幾段舞，還真的穿啥都不適合，就是要幾近全裸，實實在在的肉身，實實在在的儀式撞擊！

慾教於樂，對，我沒有寫錯字，慾，慾望的慾，我自己也是演員和導演，的確理解自己的喜好會影響自己的作品，影響自己挑選的演員或舞者，但美學的判斷和掌控，也是必須對自己作品負責的。

不能每次都是露臀，不能每次都是：你的溫臀只有我看得見！

在大陸工作已超過十年，各種潛規則我想大家各有所聞，更多故事也會在其他篇章說明，這位老師有沒有對學生「動手」我不知道，或說動手的程度，很難有標準：調整內褲？拍攝裸照？學生如果說：我不覺得怎麼樣啊！但，覺得怎樣之後，是不是一切都遲了？

孩子們一定要尊重自己的感覺，男孩當兵都有過那種衝動：一個人在陽台尿尿很害羞，十個人一起在陽台上尿尿就是跟體制對抗的爽！但孩子你做的是藝術表演事業，不是老師滿足想像的投射，更不是荷蘭的櫥窗展現，面對人際關係時也是如此，請看清楚事件本身的本質。

例如：荷蘭櫥窗穿成這樣是為了特種行業生存，當兵群體搞怪是為了叛逆瘋狂，儘管你成年了，簡單來說：儘管你身材再好，體育課老師也不會要你穿內褲上課吧？

換個角度，我也想提醒孩子們的美學判讀和心理態度，老師編這樣的舞，你喜歡嗎？老師要你穿這樣，你自在嗎？一張從排練教室流傳出來的「丁字肉胎試裝照」，其實比我看到荷蘭大叔的XX，還要作嘔！

而且孩子們的溫臀年齡，只有大叔教授的四分之一。

補課：（前雲門資深舞者．邱怡文提供）

（註一）男舞者膚色丁字褲也叫dance belt，我們會俗稱「撒潑打」，是supporter的譯音，就是撐住不晃的意思。（很有畫面……）

（註二）女舞者穿的全名叫nude leotards，但俗稱「離阿塔」，也就是膚胎、肉色緊身衣、基礎舞衣的意思。

撒潑打跟離阿塔都是日文外來語譯音，或許跟台灣早期芭蕾前輩，很多從日本留學歸來有關。

（二）三、二、一，ACTION！

電視解析度的提升，都是逼死演員的最大主因。拍片機器越來越小，解析度越來越高，甚至VR技術的純熟，每位影視演員上鏡，痘痘斑點皺紋一覽無遺，真是賺死醫美，逼死演員！

五年前我曾住在韓國一年多，不光是臉，連電視也要無死角，當時弧形電視已開始流行，每次我都盯著劇中的男女演員驚呼，是要多少的皮膚管理，才能做到無死角如蠟像又有表情的醫美技術？身體真的是演員的工具，在作品之前，你就是被使用的鏡頭工具，三二一，導演喊下ACTION那刻，出賣它，接受它，放下它，享受它！

我和金士傑老師有過非常愉快的舞台劇合作經驗，劇名是《莫札特謀殺案》，當時由果陀劇場製作，導演是蔣維國老師（英國利茲大學戲劇博士。美國哥倫比亞大學戲劇系客座教授、香港演藝學院戲劇學院院長……）。

他是我最欽佩和尊重的導演之一，也是我少數靠甄選，一關一關闖將，拿到自己喜歡的角色。當然，金士傑老師是本戲絕對男主角，我和另一位學弟，飾演金士傑老爺子身邊的小跟班，在戲裡戲外都很愛胡說八道，於是戲中的角色，就叫「瘋言瘋語」，一直沿用到現在；不但角色名沿用，到現在，我們見到金老師，還是不忘稱呼他「老爺子」，這種從工作延伸出的情誼和默契，一直是我最喜歡的模式，瘋言瘋語，也是我和學弟奠定好友誼的開始，也見證了他如瘋子般的熱愛表演生活。

就稱學弟叫吳伯毅吧，因為在疫情期間，全台灣表演藝術、藝文環境都陷入困境，為了生活，不，為了生存，他放下身段去送Uber Eats，總戲稱自己是「吳伯毅」，很有創意英文發音直譯法；也很無奈，但比起整天抱怨大環境不好的演員來說，吳伯毅顯得相當踏實，用自己的身體賺錢，把生活當體育課操練，好好的生存，我很佩服！

疫情之前的吳伯毅，影視作品和劇場作品還是有相當一定量的，因為除了專業劇場和演員訓練出身之外，吳伯毅還挺有顏值的，我們都戲稱他是被劇場耽誤的黃曉明。先不說黃曉明的身高是否謊報、醫美是否過量，儘管吳伯毅身高不高，比例卻很好，臉型是很上鏡的瓜子臉，有著俊俏的輪廓線和下巴線、高挺的鼻子、微微的臥蠶，還有中文、客語、台語都流利，當時也算闖蕩得不錯，也曾榮獲台灣最高殊榮金鐘獎的入圍提名；另外，和吳伯毅變成好友也是因為他聽得懂我笑話，套用小S和幾個姊妹淘死黨的說法，聽懂笑話，是變成摯友的第一步。吳伯毅也憑著流利的多語優勢和機智的幽默反應，在婚禮主持、電視主持，都一步一腳印的闖出一點成績。

當然，大製作的電影也找上了他。

當時的導演，以一片「地方味十足」的南台灣電影大紅，於是籌資，準備拍出號稱台灣史詩級的原住民大電影，不論作品好壞，但誠意十足，也吸引了一票青春肉體去試鏡。吳伯毅過關斬將，拿到能和男主角對戲的機會，和當時我們幫襯金士傑老師一樣，是否主角不在乎，但我們總是很好的綠葉。因為拍攝環境都在山區和資源較貧瘠的地方，我也雞婆的擔心起吳伯毅的健康狀況。

就我知道，他從小就有氣喘、過敏、蟹足腫、腸躁症、脹氣……等先天和後天疾病，其實就演員的身體條件，是很不利於熬夜和拍片的，但年輕的時候，誰在乎呢，尤其能搭上當時最火紅的導演新作，說什麼也要硬著頭皮幹一把！演員身體就像攝影機的奴隸，當導演喊上三二一之後，全身腎上腺素暴增，眼睛看的，心裡想的，嘴裡說的，都是希望呈現最好作品，於是也常忘了保護自己，就像體育課的短跑健將一樣，聽到槍聲就起跑，誰在乎暖身是否做得好。

這場戲，要拍攝男主角和吳伯毅對打的畫面，請來韓國知名武術指導；因為一九九八年韓國前總統金大川的「文化韓國」政策大成功，拍片的編制能請到韓國團隊，彷彿就是金字保證！男主角沒演過戲，又是在山區下雨的惡劣天氣，韓國教練親自示範和比劃鬥毆的軌跡後，因為天光將盡，搶光搶時間搶預算，是所有劇組的共同目標，這場重要的打戲，「說」完，然後就要拍了。

電影不像舞台劇，因為和觀眾有些許距離，打戲、吻戲、床戲都可以借位，電影鏡頭更加精緻和寫實，很多導演不願意選擇借位，都希望是演員的真實反應。電影無死角，情緒也希望無死角，導演問：演員OK嗎？演員能說不OK嗎？

來，我們試一個！導演很有氣勢的喊出：

三、二、一，ACTION!

男主角拿的長槍道具，因為距離沒算準，狠狠打在吳伯毅鼻子上，直接皮開肉綻，昏天黑地，學弟昏了過去，拍攝暫停，下一秒，就是我在醫院，看著直接從片場被急診推進來的吳伯毅，他連戲服都還沒換，滿臉是血，滿身是土，劇組只派了一位小妹妹同行，慌張的解釋狀況，吳伯毅聽到我們的聲音，管不住男子漢的面子，眼淚從血和土中，流出一道軌跡。

我聽完了劇組妹子的回報狀況，也來不及和吳伯毅對質現場狀況，忍著生氣只問了一句：「為何沒有彩排就叫演員上？」

當時拍片現場已太混亂，大家都在搶光搶時間搶預算，可能也想是群戲，比劃一下沒啥大誤。根據導演當初籌拍時的說法，儘管是群戲，也希望是專業劇場演員去擔任，戲的掌控會更精準；因為主角已經是素人了，如果群演又是素人，卻要還原當時史詩級的歷史故事，精準度的確有難度。當初都有很正確的判斷，但，為何讓武術老師教導之後就上呢？為何不讓演員試呢？還有，演員為何要上呢？

拍片當下的氛圍和一堆男孩的賀爾蒙和腎上腺素，真的很容易硬幹！拍過片的人都知道，很多導演也喜歡不要過多詮釋，直接拍，他們叫：「撞一個！」因為當時是最真實的反應，戰戰兢兢的想把那刻表現出來，有時真的是效果最好（就很像客戶選方案，選來選去還是第一個最好），但「撞一個」，不是用在武打戲，更不是用在惡劣天氣，尤其演員手上還有致命道具的時候。

我來不及幫吳伯毅出氣，更無法和劇組說教這些拍片基本原則，但演員用身體工作的「體育課」，要保護自己，要拿捏原則，學校真的也不會教。看著滿臉是血的吳伯毅，醫師必須先縫針。破相，又是演員的大忌，ACTION之後的疏忽，誰能賠償？傷害已經造成，我們也只能聽從醫師指令，但後續的復健、劇組保險、損失拿捏，又是一門大功課。

當然，這個角色（或是這場戲）注定是沒了，吳伯毅的鼻子，也因為手術後鼻骨不正，必須要「微整型」兩次，我們努力爭取和詢問保險的事宜，但在醫院這段時間，我完全沒看到劇組其他人或導演的關心，只有一位不能作主的劇組妹妹。或許不給劇組擔心，妹子沒有據實回報醫院狀況，導演也不知（或不認為）這事態嚴重，但身為演員都知道，這樣的傷，半年都別工作了，這還不算心裡造成的創傷？一朝被蛇咬之後，要有多大的心理建設，才能撫平打鬥戲的心裡障礙？二次手術之後，我依舊沒有看到導演來探望，是怎樣？打斷鼻子不夠嚴重，反正沒有生命危險？搶光搶時間搶預算，直到電影上市，我賭氣的堅持不看這部片。當然，這事媒體也沒有報導；如果今天換成是男主角，我想已經是頭條或獨家，只因為吳伯毅沒有經紀公司？只因為吳伯毅沒有去爆料？這一切，還是紙包不住火，還是讓家人知道了。

吳把拔吳馬麻是傳統是客家純樸苗栗人，要接受兒子做「收入不穩定」的演員工作，相信已歷經了很多的說服，而孝順的他也總是報喜不報憂。但打斷鼻子需自費手術和破相這事，我想已經夠大條到必須回報家人了……。當時的吳伯毅尚未有入圍金鐘獎的殊榮，所以對二老來說，自己的兒子為何要選擇一個沒有保障、沒有未來、沒有代表作的演員工作，更是匪夷所思！我也好好和吳伯毅商量著，如果鼻子沒有恢復得很好，是否就要轉戰教學，甚至放棄演員這路。

二次手術動完了，我沒是沒見到導演。

吳把拔很客氣的，跟劇組表明了兒子幾乎半年無法工作的事，很「放下身段」的開始談起後續的賠償或保險瑣事。劇組支付醫療費用那是基本，至於賠償，因為牽扯到責任歸屬，來來回回幾乎是羅生門收場。

劇組方：「我有問演員是否能拍，演員有答應啊。」

武術指導方：「我有教導正確的武術動作，是男主角方沒有掌控好力道。」

男主角方：「腎上腺素和賀爾蒙的暴走，抱歉，失算了。」

總歸一句，就是吳伯毅摸摸鼻子自認倒霉，然後自己鼻子還沒了。

高中時的體育課，女孩常常因為怕曬太陽或懶惰，就以月經為由例假最大，逃過跑操場的折騰。男孩呢，就是運動場上一把火，打籃球不暖身硬幹，直到老了膝蓋算總帳。那演員呢？你的體育課要用什麼理由，或什麼標準去判定，檢視身體是不行的？這顆鏡頭是危險的？請柔軟但堅定的告訴劇組，專業動作就用專業的，三二一下令的ACTION，往往激起和激怒了自帶的腎上腺素，甚至有個錯誤的想法，如果現在不上，是不是表示自己不專業，或顯得自己龜毛意見多？除了吳伯毅，我的另個藝人朋友小煜，也是參加了運動節目，高估或「不想給劇組麻煩」，選擇了硬上的項目，造成十字韌帶斷裂，也是老了會算總帳那種的後遺症。

電影當然風光的拍完了，風評票房我就不評斷了，畢竟我打算不看這部片，但我還是尊重導演的選擇，即便到後來保險理賠，我依舊沒看到他任何身影。

或許，他根本不知道演員已受傷到這程度吧……

（三）我ＯＫ你先當

男人一聊到當兵，就像女人一聊到保養，更像媽媽聊到小孩，話題永遠停不下來，只要入伍屆數高，一律學長互稱，然後開始比慘，互相炫耀當時是如何被折磨、長官如何變態，或是不免俗的兵變話題。在軍中過得越苦，你的話語權越高，彷彿蛙人經過天堂路之後的苦難，在爬過碎石中，看著自己的鮮血長大，拿到退伍令，重生。

沒當過兵的男孩，頓時成了少數民族，友善輿論的，會視你為可愛動物區，像是被保護很好的精緻玻璃娃娃；不友善的，直接把你被列入弱勢團體區，儘管你尬過幾個妞，談過多少戀愛，永遠就還是個男孩，不能轉大人！轉大人，跟年紀或上床次數無關，跟有沒有當過兵有關，跟兵種更有關。尤其，我們的年代，一當就是一年十個月，跟現在幾個月或是替代役當兵的孩子，只能說，滾一邊去！體育課的跑步，應該都比替代役累吧。

我的兵種，是最容易被誤會的，因為整天光鮮亮麗，唱歌跳舞還有辣妹陪伴，不用待在園區，可以四處巡演的：義工隊。

被誤會，就是這種光鮮亮麗的假象。如何一秒惹怒義工隊隊友，你只要說：「你們不是整天唱歌跳舞，很涼吧～～」絕對一陣圍毆。

今天，來說說讓我差點喪命的體育課，江湖上已銷聲匿跡失傳的，義工隊。

沒有三兩三，豈敢上梁山，義工隊不像一般兵種，抽籤或是身強體壯就能進，一定要有藝術相關特長，首選是在當兵前就已出道的明星或藝人，林志穎就是最好的例子，他也不只一次在媒體表示，不要再誤會義工隊了，在那當兵一點都不輕鬆！接著被義工隊選上的，都要有藝術相關長才的特殊兵，舉凡唱歌、跳舞、演戲、編舞、樂器、變魔術、特技……十八般武藝，都是網羅對象。

大學最後一年，各大義工隊就會在藝術學院校開始祕密募集，然後私下會面單位的長官，這一切，都要在檯面下進行。能力或名氣越高的，搶人的氣魄都不輸週年慶，一定要趕在「統一新兵訓練」之前，就偷偷把人先訂下來，就在北藝大學長的引薦之下，我也去私會了某義工隊長官。

原本以為就是去喝喝茶聊聊天，但其實根本是很正式的招募甄選，只是沒有公開，全部都是靠關係引進的即將畢業生，要在限制的時間裡完成個人表演，和一些即興的測驗。外型也不是照單全收，很像韓國選「練習生」一樣，想當年我們也是鮮肉一群一群的，挺著膠原蛋白被指指點點。會後我被「暗示」說，義工隊會再次去新兵訓練中心甄選，長官會問到，有沒有特殊專長時，要舉手答右，重點是要裝作不認識，就像初次見面。這種「暗示」，讓我更對義工隊引起了無限遐想和好奇，第一次享受走後門、靠關係，而且能和國際巨星帥翻天的張震一起入伍，是多麼驕傲的殊榮，殊不知，也是一個差點喪命的黃泉殊途！

大學順利的畢業，一雙雙好奇和單純的小狗眼神，排排站到了新兵受訓中心，統一換上了綠色的制服，頭髮統一的長度，頗有轉大人的氣勢和企圖。果然，在抽籤分配軍種前，已有各類特殊單位來中心宣導了，加入義工隊，除了能一窺明星的內幕，更能直接跳過「金馬獎」的殊榮（「金馬獎」就是抽中送去外島當兵，回鄉不易，再堅強的男子漢，抽到也會掉下男兒淚，更是兵變的首選項目……）。我心照不宣的大聲舉手喊右，說自己想報名藝術專長，直接就被叫出隊伍，填寫資料。

其實在座的長官，早在甄選前私下打過照面，但要裝不認識，這對學戲劇出身的我們，不是難事，裝熟和裝不熟，都是表演基本功課。就這樣，我被「榮升」義工隊，而且事後我才知道，綜合評比後，我是榜首！哇～～多高的殊榮，就是傳說中的C位嗎？唱歌跳舞只要比比手，畫畫腳，對對嘴，還能跟國際巨星張震大帥哥天天演演戲，二年就過去了，好涼的缺啊，好爽的活啊！還沉溺在榜首的光環時，我們就直接被叫去「震撼教育」了！

我們新兵站成一排，我承認我有用一種小粉絲的心態偷看張震，原來，所謂老天賞飯吃的臉就是這樣，細長內雙的大眼，高挺尖拔的無加工鼻子，無死角的輪廓線，有如林青霞的完美下巴。好榮幸，這就是所謂跟巨星同框吧，而且何止同框，吃飯、睡覺、洗澡都在同一營區，還有一堆辣妹陪你唱歌跳舞（當時國軍招聘的女舞者），只是，長官接下來的行為讓我挑戰重新思考，我是活在哪個年代？

長官緩緩地走過我們一橫排，我們一個一個被唱名：

「北藝大是吧？」「報告是！」

「我呸！」

「國際巨星張震是吧？」「報告是！」

「我叿！」

長官先不屑的上下打量你之後，再用羞辱的眼神和言語，配上實實在在把口水吐在地上的行為，我看傻了！從小到大，沒有任何老師這樣羞辱我們，更何況這些長官只是領公職薪水的公務員，我們也只是盡義務把當兵任期做完，大家都沒啥錯事，就只是新兵被叫出來，站一排然後被羞辱，叿完之後，訓練的體能課完全沒有停止，我直接被安排頂舞的C位。

何謂頂舞C位，就是有學長快要退伍了，你要在最短時間裡面，把所有的表演節目背熟！因為勞軍的活動，不會因為學長退伍而停止，而且隊上又有藝人坐鎮，自然是表演紅牌，我們除了該有的像一般兵的體能操練、內勤職務外，還有永遠編不完的舞蹈、寫不完的劇本、整理不完的服裝道具、架設不完的燈光音響；演出前沒日沒夜的排練，演出中寡廉鮮恥的賣笑，演出完立刻拆台收拾的效率，一個都不能少！回到營區，還有成堆的髒衣物要洗，秀服要整理，道具要修補，然後繼續想著有什麼更酷更炫的表演節目，然後複習舊舞蹈、編撰新節目，白天到半夜，沒有一刻休息，尤其我們是新兵，所有舞蹈都得上，連續四天的操練和熬夜，我的身體抗議了。

剛開始發現不對時，是我無法尿尿，一開始以為是喝水太少或是過度壓力，直到有次我尿出的顏色，鮮紅如血般的可樂尿，我覺得狀況不對，硬著頭皮跟連長請假，連長二話不說直接打槍說：「這一看就裝病啊，你榜首考進我們義工隊？體力會有這樣差？回去繼續排練！」

這應該是我第一次身體如此虛弱，但又如此想殺人！

我落寞的離開辦公室，巧遇救命恩人副連長，他頭一抬立刻說：「誒，你臉色怎麼這樣蒼白，要不要去醫院抽個血？」

這應該是我第一次身體如此虛弱，但又如此想磕頭！

他的一句話，讓我順利拿到病假，急診到醫院抽血，報告立刻出來，血紅素只有八點多，完全低過正常數值太多，醫生直接下令，這太危險，你立刻住院輸血，做進一步檢查！醫生走時還責怪了一下長官說，不要太操，新兵會有生命危險的！

這應該是我第一次身體如此虛弱，但又如此想痛哭！

我直接被推進了病房，連衣服都來不及換，打上點滴，昏睡了一天一夜，然後靜候驗血報告。

幾天之後，主治醫師到我床邊，無奈的笑著說：

「同學，你根本不用當兵你知道嗎？」

「啊？？！！」我黑人問號了很久。我之前已經新兵訓練一陣子，甚至在學期間就必須先去成功嶺體驗入伍……等，都安全度過了，現在卻說我不用當兵？

「你患有先天的地中海貧血，這是家族遺傳，你不知道嗎？因為運動量過大，已經橫紋肌溶解症，腎差點就要衰竭了，差一步送醫，你會死的！你好好休息，之後去辦理退伍吧！」

地中海貧血？橫紋肌溶解症？？退伍？？！！

這一切是幸福來得太突然，還是生死門前走一遭，我扶著下巴聽著這一切。

第一時間我還不敢回報家人身體出事了，只是弱弱的問家族中是否有人有貧血？母親說，年輕時常頭暈，但當時台東醫療設備不完善，醫師以為是缺鐵，拿了一堆鐵質補品，結果吃了不但沒改善，身體還變黑了！家中也沒聽過啥叫「地中海貧血」，於是也去醫院好好檢查了一番。

當然真相大白，母親長年的血紅素偏低，不是缺鐵，而是地中海貧血；然後外婆也去體檢，當然，也是遺傳。三代無一倖免，我的兵，白當了……

地中海貧血控制得好，是完全不用服藥的，保持生活作息和營養充足，基本上和一般人沒啥兩樣，真正差點奪走我性命的，是橫紋肌溶解症！

那是一種身體突然承受高度的激烈運動，肌肉壞死的髒物質，直接流到血液裡，然後貫穿全身，最直接影響的就是急性腎衰竭，尿如紅色的可樂尿，就是我厚著臉皮求助的前兆！

二〇一三年，因不當體罰而導致猝死的洪仲丘事件，社會頭條鬧得沸沸揚揚，死因之一就是橫紋肌溶解症！四天都無法尿尿、臉色發白，連長還以為我裝病，我至今無法原諒他！學校教會我唱歌跳舞，但江湖教會我求助求救。

一切都發生得太快，短短四天的操練，直接把身體操壞，我進了醫院之後，再也沒回營區。身體穩定之後，軍方判定我因為公傷，符合「調療」資格，我被調到三軍總醫院支援四個月，支援的單位是重症病房，還好那時不是病人的身分了，而是醫療志工。等待退伍令的四個月，也看盡了人生百態。

重症病房，意思就是常見生離死別的場景，我的暫時睡所（因為我是臨時調過去當志工，也只能勉強挪出一間房間跟學長擠，雖沒有張震，但也沒有變態的連長），房間會有一個緊急鈴，當鈴聲響起，就知道大條的事發生了。我也默默觀察這些家人面對生離死別的反應，有人呼天搶地，有人強忍眼淚，每個家庭，都是一個劇本。

有一次我還收到一個任務，要跟著學長去練習「剃毛」，因為病人手術在恥骨（該逼）之處，要把毛修乾淨了，減少病菌的感染和風險，也算開了眼界。人到了病床上，真的就是一具「沒有話語權的生物」，任由宰割，不管是剃毛還是橫紋肌溶解症，都是服從。新兵在營區服從長官，病人在醫院服從醫師，沒有反抗，一視同仁。

四個月調療（因公傷調整成其他志工兵種），我認真思考了服兵役對人格的影響。耶魯大學曾經做過一個社會研究，人在不平等和權威的命令下，是否會強迫自己達到服從甚至置他人與死地的行為，答案出乎意料的，會！簡單來說，儘管對方是無辜受害者，但在權威命令下，你也會按下那槍決的板機，讓他變成冤魂！這是米爾格倫實驗（Milgram experiment），又稱權力服從研究，有興趣的讀者可上網搜尋，讓你對人心和人性，會有另一番的見解。

而我們連上的連長，是制約在他人命令下？還是自己變態性格的自卑？需要我們排排站被他一個一個用吐口水羞辱，要我們熬夜不准睡覺的操練和排舞，那就不得而知了。

多年後我巧遇之後在義工隊服役的學弟，變態連長不但沒有反省，還謠傳我是裝病或靠關係拿到退伍令，這樣的冤情，跳到黃河我已洗不清；我也曾試著找他想澄清（畢竟剛入伍連長姓啥都記不住我就直接急診了），但學長們都以多一事不如少一事搪塞或模糊掉，覺得事情過了就過了，沒必要搞大。我想，一定要再出個洪仲丘事件，犧牲一條青春的性命，軍中不當體罰的事，才會再浮出檯面。

現在義工隊已經徹底解散，變態連長應該也拿著退休俸，過著無憂無慮的米蟲生活，他一定不知道，當時他的輕蔑和誤判，只要再延個一天，不會有我，今天這本書也不會誕生。如果在服役和江湖這兩種社會大學中硬選一科，我寧願用五個江湖挫敗，換得一次的服役失當：江湖能傷了你的心，但服役可能奪走你的命！

後來也才知道，第二名考進去的同梯舞蹈系，也因練舞過度造成椎間盤突出，動了危險的脊椎神經手術，然後也退伍了！獨自留下帥翻天的張震學長，用鋼鐵般的身心跳著他不擅長的熱歌勁舞，咬著牙把兵役撐完，想想現在演藝圈的壓力，應該都是小菜一碟了吧。

第三堂課教會我的事

把身體當作害羞的孩子，每次都像第一次使用般細心呵護，還要懂得求救。

第四堂

數學課

（一）屁股真笑和我的假笑

數學課和江湖到底有何關係，實在是因為太多人不會爭取合約權益了！數學課系列，顧名思義，說說和合約有關的鳥事，只能說：沒有做不到，只有想不到！把本篇故事列為數學課第一課，實在因為我從來沒看過這麼多的屁股在微笑。

不管男人或女人，屁股都是一個無法假裝的細節，穿泳裝時，女人胸部可以有水餃墊，男人下面可以放護襠，用莫須有的偉大，增加自己的雄偉，但屁股呢？泳裝泳褲通常是藏不住的，痘痘、妊娠紋、橘皮、暗瘡……都被放大，儘管有「提臀車縫線」設計，但微笑線（就是臀部下部和大腿的接縫處），就是藏不住！尤其現在是比基尼ＩＧ年代，修圖還能照騙點點讚，但看到本人微笑線若不完美，實在笑不出來……

什麼樣的機緣，能讓我把屁屁微笑線一次看滿看夠，就要歸功台灣的選美文化。

在台灣錢淹腳目的年代，什麼活動都能辦，只要你想得出頭銜，世界小姐、台北小姐、環球小姐、高雄小姐、果農小姐……活動名稱大同小異，其實很多就是幕後出資方的「選妃」大會，當然正派經營的還是有，但畢竟數學課，就要說些不是正派的，分享學校沒教的，我冒著生命的危險，寫下差點後台喪命的事。

找上我的大姊頭，本身在美國就是第一代或是第二代移民，是某年我去紐約辦活動時認識的人脈，這種資深大姊，錢早就不是重點，當時她在美國的房產和租金，早就可以不愁吃穿好幾代。就像 Netflix 上演的「比佛利山莊貴婦生活」一樣，他們不缺錢，更不缺名氣，但就是要用「辦活動」，展現本身的人脈和創意，跟大家無形的宣告，這江山是我的，老娘就是挺得住！

最好活動還請到明星藝人，拍拍照，打打卡，宣傳自己的本事。

這位大姊頭，早期承接很多次海外賭場的華人之夜，之前都是請資深藝人唱唱老歌賣賣老臉，畢竟那年代移民出去的，也只認識台灣這些資深藝人了。

大姊有一年因緣巧合找上我，承接某年賭城的表演節目，還把我從台灣接飛去美國；辦完效果太棒，還用加長型禮車（limousine）送我回機場，完全滿足我比佛利山莊的虛榮心。

那年，我們打破傳統用資深藝人唱歌的方式，找了一票沒有尺度的壯男辣妹去熱場，瘋狂指數突破以往，當時把所有哥哥姊姊們都逗得很樂，也留下我們攀不上關係的寄生上流人脈。

這邊要提一個重點，當時能移民或在台灣有這樣財力的，都是黑白通吃！

後來大姊頭再度找上我，辦一場號稱「世界小姐」的選美，幕後的金主和背景，就是一個「擁有黑白兩派」的特殊人脈。

大姊頭非常上道，她開門見山就說這是朋友的朋友想辦的，跟她沒太大關係。費用細節合約都我自己去談，成敗也跟她無關。因為這次活動不像先前的賭場熱場，我們只出一段秀，這次「世界級」的選美大賽，我要全包！

全包的意思就是包括主持人或藝人聯繫、節目內容、主持人串場內容、舞台、布景、燈光、特效……，除了場地租借和媒體發稿，我都要全包。

這可刺激了，想當初大學聯考數學只考十五分的我，面臨了預算的分配，因為學的是劇場，其實硬體設備都還算有人脈，但我們區區賤民，要怎麼認識有名氣，又可以面對「擁有特殊後台」的主持人呢？

我把腦筋動到了合作過的寇乃馨小姐身上。

乃馨，是我們在一個兒童音樂劇上認識的，台風穩健，中英雙語，舞台上可以唬住人的美麗氣質，也在台灣主持過大大小小的活動，經驗值和名氣是絕對足夠的。我把人選往上報，沒想到甲方第一個反應是：

她是誰？名氣不夠大沒聽過……

或許甲方所謂的巨星等級，是秀場時代白冰冰或豬哥亮年代，但，一個號稱世界級選美又要雙語主持的美女，我一時也想不到。

除了名氣，甲方也嫌寇乃馨太貴。數學課第一課的危機處理，我附上了乃馨上一次幫某企業主持的尾牙勞務報酬單，也說明了雙語主持的難度和時間的緊迫，證明她是有這身價的，幾番說服之後，甲方接受了寇乃馨小姐當女主持人。

同步的，我也很快的聯絡舞台設計、燈光設計，把舞台圖和燈光示意圖，都有效率的給甲方了，沒有意外的，他們根本看不懂。唯一要求的，就是logo要大！大到每次出場或藝人合照時，背景就像是初一十五那種月圓的大！

這也好解決，就給他們一個大月餅吧！然後把所有想輸出的合作公司、贊助廠商，全部放在大月餅logo的旁邊，有如繁星環繞的點綴，有如眾星拱月的捧上天，當然，大月餅logo方案，也很快的過關！

就在預算和設計各方面都幾乎確定時，甲方又突發奇想說：那找個男主持人跟她配吧！

這可又是難題，一人主持和二人主持，主持稿完全是兩件事，活動只剩下幾天，所有廠商已經發包，而且，我沒有再多的預算了！

然後我突發奇想跟客戶說：不然我來跟乃馨搭吧？我跟她認識，主持稿也是我們寫，流程也清楚，重點是：不用另外加錢！

甲方聽到不用另外加錢，立刻就答應了，殊不知其實早在預算編列時，我早就放了二人的主持費空間，終於，主持人、軟體、硬體設備，幾乎底定，萬事俱備，只欠東風，數學課要教你最重要的，訂金怎麼付？尾款怎麼付？

台灣對於活動簽約，似乎很不重視，成熟的簽約制度，有些甚至在一個正式合約前有一份簡單的意向書，表示雙方的誠意；因為從意向書到正式活動，變數很大，但至少雙方有個合作的意願，如果有臨時接工作或改延期，也會禮貌上告知，誰也不欠誰。其實簡單的意向書在法律上沒有太大效用，通常不會付簽約金，也不會有誰告誰的問題，就是個意願上的認可，奇檬子爽一下。

但牽扯到正式合約，就是一門嚴肅的功課了，公部門更不用說，從起標、流標（或指定標）、開標、議價、簽約、付款日，都有很制式的規定。如果是私人活動的正式簽約，這邊正常會是簽約金三成、演出前五成、演出日二成。這邊，指的是台灣地區，如果是泱泱大國的大陸案子，可能三天三夜細節說不完，因為跑路洗錢的實在太多，通常藝人去大陸工作，多是起飛前會拿到所有酬勞，關係好一點的甲乙雙方，可以畫押在上台前付清。

至於尾款二成如果在演出後卻拿不到的，我只能說：正常……跨國官司打到沒完沒了的，我也只能說：正常，多得是，最後只好放棄……慶幸台灣活動「好像」稍微正常一點，於是我也好傻好天真的，在合約上寫了三成／五成／二成，這種三階段付款方式。

記得我說過這出錢甲方的「特殊背景」吧？看到滿滿文字的合約，很氣派的說：「不用那麼麻煩，我一次付現金給你！」

我心想：哇，果然氣派！

但同時也立刻想：哇，一定有鬼！

於是，世界級的選美比賽開始了，美麗的寇乃馨也很專業的準時到場，完妝準備，開始背稿。當然，乃馨也不是省油的燈，跑江湖這麼多年，從談判的過程也大概知道誰靠譜誰唬爛，雖然我是總窗口，她還是不免俗的必須在上台前拿到所有酬勞。可以理解，所以我也在活動前一晚，用自己錢全部墊給她了。

記得這活動我是全包吧？意思就是：還有舞台、布景、燈光、特效公司的廠商，也都在問：要開演了，錢還沒拿到喔！而租金，已經先墊；舞台，早已架好，租金，也早已墊出去。

我拿出真誠的微笑跟甲方暗示：那個，演出前要付錢喔，大家都就位了。

甲方一樣帥氣的說：沒事！你放心。

我一樣心裡想：對，一定有事，我不放心！

台前跟乃馨順稿，台後跟硬體廠商說明，台邊跟甲方會計催款，我不知道我的屁股有沒有微笑線，但我臉上的微笑快要消失了，因為媒體已經都進場，然後，我們還沒有拿到任何一毛錢。我知道，秀只有短短半小時，但這半小時之後，我們誰也拿不到錢！

我帶著滿頭的髮膠衝到後台看各國佳麗準備的狀況（對，別忘了我也是男主持人，我也是西裝完妝到），我看到滿滿屁股的微笑線，讓我笑不出來那種的微笑線。

我看到很多我不認識的廠商，跟很多妊娠紋和暗瘡屁股的選美選手，在後台嬉鬧鬧，每個濃妝豔抹，每個烈焰紅唇，彷彿回到大學時期混林森北路夜店的熟悉感；乃馨老神在在的在一旁化妝，也不跟甲方裝熟（或是她聰明，知道不應該熟），也或是她已經拿到了所有酬勞（當然啊，那是我墊的）。接著我更匪夷所思的被暗示了一個選美的名次！

這位XXX，因為是誰誰誰的誰誰誰，所以名次「最好」在前三名。

這其實沒有嚇到我，因為其他佳麗的屁屁微笑線，這位內定妹妹，前三名是沒有問題，直接給冠軍都可。

把活動的專業度往前想，這些會來報名的妹子水準，其實也不意外了，我的微笑離開了下垂屁屁的微笑線，回到了台上。

其實我是直接走上台的，儘管媒體攝影都到了，但我也不是藝人，公關也沒有人管，嗯，應該說是沒有媒體公關……。大家台上台下，台前台後，要拍多少屁股，就有多少屁股，當時可能還不是很流行假奶和醫美，所以要辨識這些妹子們，還是挺容易的。她們也興奮，沒上過這麼「正式比賽」的伸展台，看到攝影機器，也就搔首弄姿的各種擺拍，很好，和樂融融，水乳交融的，世界小姐即將展開，而我，還・沒・有・拿・到・任・何・一・毛・錢！

如果你是我，你該怎麼辦？

我想：是使出殺手鐧的時候了！

我的微笑，變成假笑，眼睛瞇瞇嚴肅但微笑的跟甲方說：

再過五分鐘秀就要開始，我要上台了，但所有廠商都沒有拿到錢……

現在不拿錢，我和乃馨都不會上台，然後，我・要・去・關・logo・的・燈・了！

logo !logo! 還記得我們背板的大月餅設計嗎?!

這可是甲方的第一顏面，我說過，這些人不缺錢，甚至會覺得我給你上台表演或承包是給你學習的經驗，但，logo 沒亮，比沒付錢更丟臉，尤其是在五光十色之後，承辦單位的logo 突然滅掉！

我承認我說出這樣的話心是在發抖的，這些黑白兩道的龐大勢力，我真的惹不起，但從主持人到硬體廠商，我也輸不起，或說，我根本付不起。

我永遠記得甲方的眼睛，從盯看各國佳麗的屁屁微笑線，秒怒到沒有表情把我拉到二樓小房間！我以為我要被打了，要被滅口了，但我被打被滅，活動也進行不下去。（好幸運我自己報名要當主持人？）

一進小房間，在最邊邊角落有一張小桌子和一個女人，和，一台點鈔機！

女人，應該就是掌管所有預算的大姊頭；還有點鈔機，就是那種銀行很大台、會啪機啪機響的點鈔機！

大姊頭完全大臭臉的問我，總共多少？

我說了一個金額，她也沒有看合約（好像連合約都還沒蓋章），也沒有問我是誰，臉很臭很臭很臭（說三次）的從小桌子旁拿出一大疊現金，啪啪啪啪點給我看，再很臭很臭很臭（說三次）的把錢給我，沒有謝謝，沒有對不起，沒有再見！

我離開小房間時背很涼，甲方各種從背後暗殺我、槍殺我、綁架我……的恐怖片情節，很快跑馬燈幻想了一次。

這應該是我這輩子在銀行之外看到最多的現鈔，我有忍住我顫抖的手，假笑的說再見之後迅速回到後台，然後跟所有硬體廠商說：錢拿到了，我們準備開始！然後立刻回到前台，跟乃馨對個眼神，活動正式開始！

我流利的在台上賣著我的假笑，看著各種佳麗未經修飾，各種下垂的屁屁微笑線。

大學聯考我數學只考十五分，當時錄取的時候，是全台灣大學的最低錄取分數，誰知道這樣的數學腦袋，唯一用上的，是多年之後，面對點鈔機想著，到底有幾個零？到底多少錢要分誰？到底幾號選手出來之後要給幾分？到底簽約金要拿多少？到底尾款要留多少？到底活動自己要賺多少才有利潤？還有，到底那些錢，會不會是假鈔或贓款？？

（二）南京不平等條約

寫下這篇文之前，我左手的五十肩（或肩胛沾黏）又疼痛了起來，像是表演學中的情緒記憶，你可能因為一個味道思念一個人，因為一個音符想起一個城市，而我也是因為這個疼痛，想起這個嘔心瀝血的大製作。

全中國第二大的劇場「江蘇大劇院」，官網表示，建築面積有二十七萬平方米，意思就是有八萬坪！八萬坪，正好是台灣想在林口打造「台灣坎城」的概念，在南京，「只是」一個劇場。二〇一七年正式落成，包括六個大小不一的廳，還有一個美術展演空間，正式落成的開幕大秀，找來世界最著名的歌劇《卡門》，而且是全版歌劇（不是音樂劇，是全版唱完、台詞說好說滿那種），配置上百個歌劇演員和完整交響樂團，歌手樂手全老外，多是來自西班牙和義大利，並且和大陸兒童演員合作。江蘇大劇院首部製作的歌劇，企圖一炮打響劇院的超強軟實力和硬實力！

當時南京的藝文環境，雖不算文化沙漠，但要操作一個完整的外來歌劇，的確有難度。南京雖有藝術學校，但培植的多是製作或演員專業，而且《卡門》演出時並不是暑假或假日，要全程配合並用外文溝通，更是難上加難！於是江蘇大劇院打算找一個介於劇院方和西班牙方的橋樑，當作中方統籌，這個統籌除了要幫西班牙總導演翻譯和訓練大陸兒童演員之外，還要擔任服裝、燈光、舞台、道具、音效、化妝、舞台監督、音響……等人力協調，因為上百件卡門的服裝和道具，不可能全部由西班牙輸入，得落地在大陸製造，除了節省成本，也為了之後加演的準備。江蘇大劇院當時的藝術總監，是位台灣老師，透過古典音樂圈的朋友引薦，希望我能接下中方統籌這個重責大任，而且必須立刻去江蘇開會。巧的是，我當時就在江蘇遊玩，於是擇日不如撞日的，和藝術總監碰了面。

我召喚了曾任台灣兩廳院、廣州大劇院、深圳招商局……等要職的好友兼資深藝術行政張顯靜，陪我一起壯膽充當顧問。要接下一個跨國大製作，就要先前情提要這製作的混亂和難度。

舞台：外方先來舞台助理，舞台和道具，全部要在大陸重新製作，距離演出不到一個月，而且舞台助理不會說中文，然後要在北京製作、上海試演、南京首演。

服裝：外方只寄了設計圖，上百套服裝和裝飾，全部在大陸（南京開車幾小時的城市）工廠訂做，都是老外演員，沒有一張量身表，也不知道演員角色，還要甄選兒童演員，十月底就要，眼看十一假期，全工廠都即將放假。

舞台監督：只有一個西班牙總舞監，中方需找一個會看五線譜、會看歌劇譜、懂音樂的，還要時間能配合上的舞監；而且場館是全新，後台的全通系統也尚未開通（全通未通就是：例如舞台傳來XXX演員準備，但偌大的後台休息室沒有一間聽得到……），然後，我們手上沒有任何一版的排練劇本（《卡門》有很多版，指揮、樂手、演員必須拿到同一版，我們也才知道唱到哪段了，當然您別忘了，《卡門》的歌詞，都是唱法文……）。

光是開會就能想像這製作的艱苦，這還不包括所有的行政細節、簽約內容，以及，即便有人，但我們所有人都不住在南京，全部得從大陸各地集合，時間和人力能配合的，哪裡找？

開會到一半，我的好友顯靜就偷偷傳了紙條給我，要我別碰！因為她待過的劇場，也操作過《卡門》，知道歌劇演員是最難伺候的，不到一個月的時間扛下這製作，又是為他人作嫁（因為我不是公司，是劇院私人邀請我，但我要組織團隊），何苦？

古典音樂圈的朋友也要我別碰，因為交響樂團不是一個團，是四處招募的「自由工作者」，光是整隊點名就耗掉半天吧，尤其西班牙人是九點半晚餐，若跟他們的行程，華人應該都會餓死。

當然也包括其中的一些勢力分派，這是江蘇大劇院的開幕大秀，誰都想搶功沾勞的，而我一個「外來人」，就是豬八戒照鏡子，做得好沒人稱讚，做不好推出去送死，內憂外患整體考量，的確不是件好差事。

基於各方朋友的勸退，我推掉了。不意外，因為後來得知他們已在古典樂圈找了一輪，沒人要接，才跨界問到了戲劇圈，希望有人來統籌。

時間就這樣過了一週，我突然又接到藝術總監的越洋電話，當時他已經在歐洲跟團隊練唱了，如果我推掉，勢必整個製作開天窗。他們也一直宣稱，真的沒有比我更合適的人，姑且不論真假，薦骨居然有一個聲音，就幹一票吧！反正不到一個月，殊不知這一幹，是南京（不平等）條約現實版開始。

維基百科記載，滿清道光二十二年（一八四二年），大清在對大英的第一次鴉片戰爭中戰敗，雙方代表在南京談判並簽署《南京條約》，以確切文件達成開放通商，並且清朝割讓香港島給予大不列顛及愛爾蘭聯合王國。

而在一百七十五年之後，我要以個人名義，在南京市的江蘇大劇院，簽下讓我五十肩的條約。

台灣和大陸都一樣，正式的合約，匯款和簽約人，都需要由公司簽署；而會計，也只能將公家的帳，轉入簽約的公司帳（公對公），如果是私人，多半要簽署勞務報酬單，或是提供發票抵稅，更多甚至連簽約資格都沒有。但江蘇大劇院破例讓我用個人名義簽下公部門合約，我也匪夷所思如何辦到的？而且，我底下所有舞台、道具、服裝、化妝、舞監、音響、排練……等人力，全部不用簽署！

意思就是：只對我。

意思就是：江蘇大劇院不用知道我給底下的人多少錢。

意思就是：我也可拿了錢落跑。

意思就是：如果劇院不給錢，我也無法提告！

因為，小蝦米不可能對抗大鯨魚，距離演出，還有三週，我們所有的合約還沒簽署，但服裝舞台布景已經開工，這是非常不健康又危險的做法，但當時我沒有辦法，除非我選擇開天窗，不做，最大。

這是學校沒教我的數學課，我要怎麼談判合約？

為何說談判？為何說「不平等」條約？我很願意公開一個條令，請問正在閱讀的老師們，如果是你，請教我該如何做？

撇開三千字複雜的條令不談，有一項我無法更動的條約，而且甲方（江蘇大劇院）很為難但堅定的說這是制式模板，不可能更動，那就是：

「甲方因各種因素取消演出，乙方須退還已支付的五十%金額。」

有看懂嗎？

甲方，指的是江蘇大劇院，如果因為例如歌手受傷（這是歌劇，沒有戴mic，全憑真功夫），或簽證沒過（畢竟上百人老外），或天氣因素（我們有一場是戶外），不管任何因素，演出取消了，乙方，也就是我們，要吐回一半的款項，沒得商量。意思就是我們之前所支付的訂金給服裝或道具或舞台的，我們都要自行吸收！請問，跟一八四二年的南京不平等條約，哪個棘手？？

當時在江蘇大劇院的法務和財務，非常抱歉但強硬的說明，這就是法令條件，而且配合的供應商都知道這條件，大家也都（勉強）答應了。他也承認了這條法令很爭議，但要修改，可能要好幾位主管的連署，公部門一趟下來，演出早結束，大家都別幹了！做，還是不做？這是個問題。距離演出，只剩兩週。

在學校的教育劇場，或是大學的數學課，為何沒有人教我們如何談合約、爭取自己的權益？老師您在哪裡？我需要明燈。

自己明燈自己點，自己數學課自己教，突然，我靈機一動。

合理的合約編制，大概是簽約時付三十％，首演後五十％，尾場拆台驗收後二十％，而在大陸比較「特別」的製作，甚至戲稱，尾款的二十％，通常是收不回來，所以在簽約時，心裡必須自動扣除，拿得到是大幸，拿不到是正常。尤其我一個平民老百姓，扛下整組編制和公部門簽約，很難擔保不出事，尾款有沒有拿到，文末再說；先說這個「甲方若取消，乙方必須退一半錢」，我如何變通。

我深知刪除這項條令是不可能，但，合約是可以「加」上去的，我用這條法令，把退款的風險降到最低。

我加了：「甲方於首演前支付八十%。」

這是一個險招，因為距離演出不到兩週，如果我執意「刪去」取消須退款條令，來來回回我可能只拿到簽約金三十%，而且還有可能吐回去；

反正都要首演了，為何不把第二筆款併在同一筆，不給甲方反悔的機會。因為首演前我就拿得到八十%，即便各種不可抗拒因素，我吐回一半，我還有四十%的前置金。我只多加了一個條，甚至只改了一個字，從首演後改成首演前，隱約中也給甲乙雙方台階下：

甲方不用刪除條令，但無形中更約束甲方要確保戲的正常運作。

簡單來說：這數學課就是：開演前我要拿到八十%，不然別幹了！

是險招，但我也沒招了。

來來回回之間，我們彷彿還賺到，我只是把首演「後」，調整成首演「前」。

好像是在玩文字遊戲，但卻是更確保雙方利益，彼此不難堪，彼此認真做事。

演出不到兩週的危機，似乎把不平等條約的危機，變成了合理合約的轉機，也算是學校沒教的數學課。

接著幾百人團隊到南京了，排練第一天就出包！我強調所有人要拿同一份排練歌譜，但當時外方接頭的台灣經紀人居然說，大家自己去網路抓就好了啊～～

嗯……黑人問號……

首先是鋼琴伴奏先發飆，她說：

打開ＸＸＸ頁，抱歉，每人版本都不一樣，到底是哪頁？

接著是演員們發飆。演職人員多數是第一次來大陸演出，沒見識過「沒有做不到，只有想不到」的嘖嘖稱奇怪象，後來也失了理智線，對我們服裝助理咆哮：我不讓中國人碰我的衣服！服裝助理是留英的南京辣妹，也不是省油的燈，直接嗆：好，那你就別來穿我的衣服！！

這也算中英一八四二年簽署條約後的正式對幹吧。幹得好，辣妹！

然後燈光組也開罵了，說我的組員碰了機器，然後機器壞掉，要賠償！

舞監組也對幹了，說劇場沒有無線耳機，或是數量不夠之類，可否用手持對講機溝通？（注意，手持對講機，就是歌手在台上高音幾百度，然後要我們拿手持擴音cue燈光走～的那種手持對講機。）用這種溝通，我們音量是要多大聲？我想觀眾都聽到後台人生了，很幽默，很有事……

果不其然，西班牙總導演在排練幾天之後大爆炸，他當著劇院的人說：

「我做歌劇四十多年，從沒看過如此的劇場災難！」

然後私下跟我說：Mark（這是我英文名），我覺得我們不可能成功的！

真的也不能怪劇院的孩子們，這真的是他們第一次操作如此大的項目，而且劇院還如此新，就是新到連化妝室開關膜都還沒撕的那種新，新到連劇院同事自己都會迷路的那種新。但認真的孩子還是有的，只是沒有經驗，大家對於常常發飆的西班牙腔的英文，也自動忽略……

我名義上頭銜可漂亮了，「跨國《卡門》歌劇，中方統籌和執行導演」，但說白了，就是在後台叫演員、管屁小孩、遞道具、幫忙快換的民工……。幾場下來，我們居然奇蹟式的完全沒有出包的完成了跨國大製作！

大家很興奮的合照留影，我很淡定，因為我心想：尾款見真章！

因為合約裡還有另一個（不平等）條約，乙方有任何不檢行為，甲方都可以認定是「態度不佳」，可進行罰款；

另外，點交的結案報告，我們也著實見識了公部門的「嚴謹」……

我們的結案報告，需要詳細列載所有演員進出場動線（我們有幾百人，然後戲長三個多小時）；需詳細列出每套服裝的角色名和清單；需詳細記錄大小道具的位置；所有燈光變換，所有換景變換，所有快換指令！

夠「嚴謹」吧，想要拿到尾款二十％，抱歉，請交付結案報告。

喔對了，隔壁廳當時是台灣優人神鼓劇團演出，我們總在吃飯時間碰見大吐苦水，聽說拆台刮了一下地板，還被罰錢了！

之前的對幹和對罵，的確造成甲方認為我們態度不佳的理由了，我用情用理的，向甲方說明了因立場不同的誤會，然後心機很重（很嚴謹？）的交付了一份完整的舞台走位（其實，是西班牙舞監全西班牙＋全英文＋全法文的排練本），就是厚到那種可以墊便當、打人會腦震盪的排練本！但實話是：

抱歉，誰看得懂啊?!

演員已經世界巡迴到閉著眼睛都知道上下場了，誰還聽指令；

服裝都是A套不行給B套，誰還有空整理幾百套清單！

值得一提的是，清點時還包括衣架，當初你在化妝室拿幾個衣架，歸還時就是要幾個衣架！幾百人的編制，每人約就算三套連配件，就是有幾百個衣架，更不用說是桌椅了。對，桌椅也要清單，因為每個化妝室的椅子是固定的，去的時候幾張，歸還就要幾張，嗯，是有人演完把椅子偷回去就對了？好嚴謹啊……

總之，我神奇的撐過這一切，而且，沒有被扣任何一毛錢，聽大陸朋友說：這樣大的項目，沒有被扣錢，是奇蹟！

奇蹟的背後，就是五年不會好的五十肩和肩胛沾黏，難想像當時身體和心理的壓力是如何扛過來的。多年後我碰到曾任朱宗慶老師團隊的資深藝術行政，他很客氣的在看戲之後跟我打招呼，我因為眼盲沒認出對方，沒想到對方說：「老師您好，當初我們都聽說南京有一個這樣的開幕大項目，但評估之後沒人敢做，您居然完成了！我……我……我可以跟您拍照嗎？」

我舉起疼痛的五十肩，開心又一言難盡的，合照比了ＹＡ。

（三）你是我的姊妹，但你不是我的寶貝

沒被刀砍過幾個疤，彷彿仗是白打的；沒倒貼被騙些錢，彷彿江湖是白混的！儘管前兩篇中闡述的數學課，我在不平等合約下能全身而退，但總有摸摸鼻子自認倒霉的垃圾事，一切就從阿妹的〈姊妹〉說起。

張惠妹，亞洲無人不知的天后級唱將，她出道的年紀，是台灣樂壇最蓬勃發展的時刻，實體唱片更是如日中天，當時拍MV音樂錄影帶時，也流行一種趨勢，就是演繹「情境」，而不再是單純的對嘴或是排舞畫面。例如一首歌講述愛情，MV拍攝時就會找演員詮釋這首歌的情境，甚至為MV編撰一個劇本，但導演們不希望用臨時演員，又請不起大牌演員，劇場演員這時就殺出一條血路！因為觀眾喜歡新面孔，大多數劇場演員沒有經紀合約，時間也好配合，費用也好談，更知道劇本想闡述的意境，一時間用「戲劇腳本」去闡述歌曲本身的意境，這種文青手法，也

成為我大學時期零用錢的最佳來源。

阿妹的成名作〈姊妹〉，拍攝的劉姓導演，也是我當時的恩人，嗯……我是說，當時。

劉導因為拍攝張惠妹大紅之後，行情水漲船高，是每個禮拜都有案子，然後一次能拍兩支那種的如日中天，我被戲劇系的學姊找去，搭上了「MV演員」熱潮，拍一支，是台幣八千元。當時，一個便當是五十元，拍一支MV，能吃一百六十餐，相當不錯的酬勞。而且每週都有案子，當時還在念大學的我們，就是早上翹課，下午上課，晚上學校排練，半夜去片場熬夜賺零用錢的燃燒青春年代，體力完全不受影響，當然也是不知珍惜健康的毀類人生，就這樣拍了好幾年，我存到了人生第一個十萬塊。

當時完全沒有簽約或簽勞務報酬單的觀念，拍完就是現金一疊，然後我去分配找來的演員等級，我負責統籌表演者，偶爾自己也上去客串，賺雙份的薪水，活人死人變裝人變態人……啥都能演，只要有錢，大學時期，躺著也能賺！比所有打工都輕鬆，也是我大學愉快的工作經驗之一，陸陸續續，也統籌了十幾支的演員招募。

我一向不喜歡欠演員錢，每次拍完的現金一疊，其實是我代墊，也布下了倒債的危機。

因為幾乎每週都在片場碰到劉姓導演，他總是用髒話親切的問候，髒話，也成了當時片場問候大家的幽默語。約莫拍到一定量時，他就開個支票給我，然後去銀行兌現。這個支票，約莫有台幣快十萬，只是兌換日期未到，我也不疑有他的，繼續為劉導賣命，直到支票到期的前一天，他半夜致電說：金煌，可不可以把支票還我，我重開一張？

二十幾歲的我，根本沒意識到這就是跳票的預兆，傻傻的把票交回，然後我就再也討不回來了……

甚至在他付不出薪水的時候，我還婦人之仁的體諒他工作辛苦，繼續賣命幫他把片子完成，這關於薪水數字的江湖數學課，學校還真沒教我！

比扯鈴還扯的，是拍完某陳姓歌手之後，歌手居然自殺了，片子成了最後遺作，很有話題，唱片公司也倒了，跳票直接變成跳樓，十萬塊石沉大海。

銷聲匿跡了一陣子，又聽到他東山再起，拍了誰誰誰。一度想要提告，但當初的合作完全沒有白紙黑字，更不用說正式合約了，就這樣，算了，只能摸摸鼻子，當作之後給江湖討生活的人一些合約建議，也當成學校沒教的數學課。

演出備忘錄（或稱合作意向書），就是在口頭答應和正式合約，中間地帶的保障方法，提供給自由接案子的人當參考。

通常甲方有一個活動邀請時，可能時間尚未完全確認，細節也尚未搞定，但已開始詢問乙方的意願；而乙方藝術工作者，常常是自由接案子的人，不會有正式公司能開立發票，多數的正式合約，需要公對公，意思就是公司只能跟公司簽約，乙方須「依附」在某個朋友的公司或工作室下簽約，欠人情不說，最麻煩的是匯款！甲方大公司的會計很多時候無法將帳直接轉給私人，這時，就必須甲方匯給乙方的「靠行」公司，靠行公司再私下給真正的乙方，一來一往，非常麻煩，因為乙方靠行公司，不只有這項業務往來，會計還需消化記帳費和手續費，甚至借出大小章，才能進行簽約；如果還遇到投標項目，私人公司資格限制更多，有些更大的政府標案，工作室都不符合靠行規定，需要「有限公司」進行投標，這下人情就欠更大了……

這種種，都是江湖數學課的眉眉角角，絕大多數的乙方，一定也聽得一頭霧水，所以我很建議自由工作者，能建立「合作意向書」的機制，在甲方有意願邀請你做表演時，先簡單的白紙黑字，大概描述一下合作意象。對於甲方的保障是，乙方如果突然有案子捷足先登，需第一時間告知甲方，尋找解決方案，而不是像壞了名聲一樣，答應了還落跑；對於乙方的保障是，萬一真出現像我被倒債的這種狀況，至少有個紙張依據，可以提告或是給甲方道德約束。

演出備忘錄（或稱合作意向書）和正式合約最大的差別，就是法務審核。通常公對公的正式合約，只要更動一項條令，來來回回法務就要嚴格檢視，我們常遇到的狀況是，還沒達到共識，但演出可能都演完了，約根本都還沒簽完；而意向書的簽署，可以是公對公、公對私，甚至是私對私，彼此有個依據，大家好做事。

當然，也有不夠全面的細節，就是關於取消條款。

正式合約裡有所謂的取消或賠償細節，例如演出是五月一日，四月如果因為甲方的因素取消了，仍需支付乙方多少百分比？或是預付的訂金不予退回？或是雙方協定在幾個月內補足演出？那如果是乙方個人因素取消，輕一點能找到替補人員就免責；重一點的，則可能面臨賠償甲方製作費的多少比例，視為毀約處罰！

通常甲方背後都有龐大法務體制支撐，乙方小蝦米兵團很難與之抗衡，這個現實面，自由工作者需有自知之明。

另外就是「稅」的提醒。

甲乙雙方最單純的，就是開一張含稅金額等值發票，品項需符合甲方要求，所以乙方如果要靠行公司時，要問清楚是否能開出這樣品項的發票？例如：這是一場公關活動，就需要類似「活動策劃執行」品項的發票，這和乙方成立公司時勾選的種類有關係，如果合約簽署下去才發現開不出發票，就可能面臨領不到錢的窘境。

而乙方若是單純靠行（就是一定要發票才能核銷），稅的比例也要事先跟靠行公司說清楚，儘管發票稅是五％，但乙方公司每年還有成本和累積的營業所得稅，靠行公司有時會提取八％到十二％的費用，當作含稅價。我們用數字解釋，如果乙方最終想拿到五萬薪資為例，發票至少要支付二千五百元給甲方，靠行公司可能抽取到十％，就是五千元，所以乙方談價時，就必須是五萬五千元，含稅價，可提供發票，或是簽署個人勞務報酬單，才是一個保險又漂亮的數字。

如果很幸運的談到現金不簽單，就能是五萬實拿，只是這樣佛心的甲方很少，或說也不見得是佛心，因為就有可能不用白紙黑字，但後果就是跳票了，例如我的下場……

自從阿妹「你是我的姊妹」大紅之後，我也決定變成「你不是我的寶貝」的奧客乙方，在合作之前，把細節討論清楚。現金交易？二萬元以內不用扣稅但分開簽單？善用每年有稿費免稅額度的勞務報酬單？靠行之後開出五％的發票？另外再給乙方多一點成數的靠行費？（就是江湖上說的「買發票」啦……）都是數學課要交代清楚的細節。

如果真的很幸運簽署到法務認證的正式合約，那簽約付訂金就是必然的，首款可以支付二十%到三十%，都算是合理。

現在因為LINE的便捷性，可能留個言就把活動敲定了。強烈建議所有有關金錢的，都用文字往來，不要用語音。對話紀錄，也可成為保障自己的方法。

江湖上一定有像劉導演這種用髒話替代問候、拍片時稱兄道弟的革命好友，但卻也因為貪念而避而不見，一秒反目成仇！我曾試著在業界打聽他的消息，似乎銷聲匿跡躲在大陸拍片。但就算我找到了，也無法拿回當初的十萬塊，因為既無正式合約，更無合作意向書，更不用說是對話紀錄了。換個思路，我也一直謹記住這次學到的教訓。絕對沒有一個十全十美保障自由工作者的合約，只能提供我的江湖經驗，把彼此的毀約和互相傷害的機率，降到最低。

不知道阿妹拍完〈姊妹〉後，跟劉導還是不是姊妹？

第四堂課教會我的事

在口頭承諾和正式合約中間，能簽署一份簡單的演出意向書，不具賠償細節，但有法律依據和道德約束，雙方都心安。

第五堂

夜間部的課

（一）不聯合出品人

先說喔，這系列的課，未滿十六歲的讀者，建議由家長陪同觀賞，或自行跳過！

大部分的電影院，都會算準播映長度，電影結束散場那刻，包廂內常常燈光驟亮，像極了夜店臨檢那種驚訝（嚇）感。如果是愛情片，情侶如果沒有偷偷做壞事的，鬆開緊握的小手，理理衣物和頭髮，瀟灑離去；如果是催淚片，有些觀眾可能還在過渡恢復期，好的就重整思緒擤擤鼻涕跳回現實，不好的也可能繼續爆哭，或是遮遮掩掩躲進廁所再哭一波。

但只要是業內同行或真正電影愛好者，一定會等字幕全部跑完，一方面是對電影幕後人員尊重（他們真的是最辛苦的），二方面是看看，誰也開始投資電影了？投資人，都會巧妙的（隱喻）出現在幕後字幕中，尤其是「聯合出品人」這欄。

不懂看熱鬧，懂的看門道，「聯合」出品人，很多就是業內所謂第一輪的天使投資人，簡單來說，就是出錢給你的人，而按照比重的大小，也攸關了排行順序和節稅祕密。

前幾年的范冰冰事件，大家應該記憶猶新，這位大陸超級一線的話題女王，幾天內就能湊齊好幾億（人民幣）稅金的速度，遠遠比她逃漏了多少稅的話題，更吸金也更洗版！大家內心都知道，當時大陸經濟大躍進的爆炸時期，誰沒有檯面上檯面下合約，誰不是東漏西減，能避稅就避稅（我沒有說逃稅……）；范女王只是剛好在浪頭上，只是沒有幾人能像她一樣展現霸氣，老娘我認！老娘我賠！然後幾年之後，女王照樣亮麗重出江湖！十足應證了演藝圈盛傳的：

「我不用嫁入豪門，我自己就是豪門」的經典傳奇！

但全大陸能有幾個女王豪門？於是影響的，就是扒了皮又疫情死一堆表演藝術人才，尤其「個人稅」在二〇一九年已重新統整，除了課稅之外，還要預收年度所得，多退少補，按階梯式遞進，這就是為何所有演員突然成立「工作室」，除了強迫稅務透明，也是為了節省個人稅收。而這些XXX工作室，也可以投資自己主演的電影，晉身成為「聯合出品人」，於是，看完電影之後，我都會靜下心看完所有幕後人員和感謝名單，看看有哪些隱藏客戶，下次拍電影時也可當作投資抱大腿的衣食父母。

如果你發現聯合出品人名單不多，小貓兩三隻，通常有三種狀況：

一是這電影規模過小或題材冷門，實在沒人願意投資。

二是這電影的主導人，不喜歡欠人情或「客戶的太多意見」，於是拚了命、賠了錢，也要把票房扛起來，只為品質更精緻，創作更自由！

這狀況以我的好姊妹，徐譽庭老師（《我可能不會愛你》編劇、《誰先愛上他的》導演……）為翹楚，為了作品好，不惜賠本做！

第三種很弔詭，沒有太多聯合出品人，但編制和成本都很大氣，這種名字出現時，一定要去抱大腿，因為：老娘就是豪門等級！不用等大家聯合投資，我是「不聯合」出品人；因為我，獨資！

這種狀況很少，但就是有，請不要私信問我是哪個投資方，下次電影看完，不要急著走，拿出筆紙，自己去估狗這些財力雄厚的老爺老娘等級人物。

每個縱橫演藝圈的大姊級背後，一定要認識幾個富可敵國的大哥級人物。而在十里洋場的上海名媛圈，要遇到這樣的大哥其實不難，只能說，還好我不是他的菜。

在一個飯局裡，認識了這位富可敵國的「不聯合」出品人，我就稱他為獨哥吧！

獨哥相當霸氣，投資電影喜歡獨資，不跟人聯合，而且是個尊重藝術電影創作的天使投資人，就是只出錢、不出嘴的好好先生。幾部電影下來，雖然沒有大賣，但文青感十足的個人喜好，也走出一條屬於自己的風格，於是，野心越來越大的出品人，開始想當導演，也想當製片人，在朋友牽線之下，認識了當時在韓國生活的我。

我在二〇一六年曾經在韓國住過一年多的時間，當時被賦予一個還不錯的「買手」任務，很像時尚界的買手店，只是他們買的是衣物，我買的是節目。在韓國如果看到不錯的節目或項目，可以推薦給大陸或台灣出品方，聯合製作或是引進代理。

二〇一五年，宋慧喬和宋仲基主演的《太陽的後裔》紅遍全亞洲，大家都想分一杯羹，眼看就要促成電視劇幕後主唱大陸巡演會，沒想到二〇一六年的一個禁韓令，所有藝人全部胎死腹中，我也無緣撈一筆。

但也因為這樣的人脈和靈感，獨哥也想幹一筆大的，好好拍一部腐女愛看的同志電影，全亞洲招募鮮肉，條件清楚簡單，就是要：帥肉！鮮肉！肌肉！

為了表示誠意，我還從韓國飛到上海，當面跟獨哥切清楚細節，甚至舉辦了演員招募，儘管當時，我們都不知道要拍啥……只知道，要保密，要帥肉！鮮肉！肌肉！

按照過往工作經驗，當選角導演或表演指導，我其實很得心應手，因為大部分前期我已經讀完劇本，或對角色已有輪廓，和導演也有討論，但這種盲選，我還是第一次。

獨哥一直強調，這將會是全亞洲最大海選規模，但劇本和角色要絕對保密，所以在甄試之前，我完全不知道如何甄？如何試？只好硬著頭皮用各種戲劇遊戲或表演練習，讓獨哥看到這些演員的「身體無限可能」。

「你最大程度的裸露可以到怎樣？」

「那把上衣脫掉展現一下肌肉。」

「好，下一位！」

這些看似甄選都會問到的正常問題，因為連故事劇本都沒有的前提下，一直叫人家脫衣服，我心裡都覺得像怪老頭不正常，也開始有了警覺和芥蒂；總覺得就是一個選妃選菜大會，拍電影，好像只是個幌子？但獨哥之前的確也做過幾部電影大片，他的人脈也不能輕易得罪，俗話說頭都洗一半了，我只好繼續。

甄選完之後，我們和獨哥到了殖民地風格（就是上海最經典，有小露台小洋樓那種）的餐廳，重點不是菜單價錢貴，而是被欽點（通過複試？）的幾位演員，也跟著同行。

很幸運（？）的，當時甄選的季節是夏天，甄選的鮮肉們，都是短褲短衣的清涼打扮，大家嘴裡吃著上海經典紅燒肉，眼裡看著精彩各種腱子肉！獨哥笑得可開心，開瓶昂貴的上海紹興黃酒，搭配五光十色的美麗外灘，真有那種「跟著獨哥就對了，有酒喝，有錢賺，有好東西吃，有電影拍……」的美好未來藍圖。

我很少喝酒的，一方面聽過太多酒品不好的朋友鬧事丟臉事蹟，二方面我一喝酒就頭痛，外加蕁麻疹，實在無法享受微醺的樂趣，但不用酒就能天然high，或是躲酒的本事，我卻是一流。

酒過三巡之後，獨哥的手，已經在其中一位青春鮮肉大腿來回「探索」了……

夜間部要分享的課，除了抱大腿，還要懂得如何躲大腿。

長輩（好像有點醉了）說著拍電影的辛勞，但言語間都是超級大牌的合作演員名單，新人不心動嗎？

晚輩（好像有點醉了）說著自己很想在演藝圈闖出一番事業，當長輩的手在自己結實大腿上拍打著，安慰（？）著，鼓勵著，晚輩有戒心嗎？

我（好像有點醉了但根本沒醉）笑看著兩邊的一來一往，這一幕，像極了電影的「推手」；你摸過來，我推回去，你吃我一口，我躲你一手，只容你手，不容你口，來來回回的，我真的看累了，決定選擇裝醉回家走人！

裝醉歸裝醉，我還是聽到獨哥如何在鮮肉面前，展現驚人事蹟：例如用多少錢打造一個高成本大卡司電影？如何用高級手腕談判一個賣座劇本？如何飯局裡被當紅藝人鼓勵改變他的一生？巴啦巴啦……我怎麼聽，怎麼看，都覺得自己是共犯，不應該攪這個局，尤其有些演員和模特兒，還是自己的朋友。

帶著彷彿自己是共犯的愧疚回到家，半夜就被其中一位演員的簡訊驚嚇，他清楚寫道：當初會來參加這甄試，是看在多年朋友的面子，沒想到甄試完還要陪吃飯，吃完飯還要陪他回飯店，他辦不到！

大半夜的我不但沒醉，可徹底醒了，原來吃完飯還有回房間這局?!

我立刻致電詢問，你們人在哪裡？

他說：「還在飯店聊劇本，聊角色……」

劇本？不是沒有劇本嗎？角色？不是沒有角色而且要保密嗎?!

我清楚問：「那是在房間？還是飯店大廳？」

鮮肉演員說：先在大廳，因為有另一個演員待會要加入，我們在等他。

又有演員要加入？三P嗎？玩這麼大?!

撇開韓國和上海的機票住宿成本不說，我分文未取籌辦招募，算是幫忙幫到仁至義盡了，我很清楚跟鮮肉演員說：「離開吧，不用攪和了，應該沒啥好事。」

他回：「我心中自有分寸，會拿捏。」

第二天我問：「昨晚如何？身體和心理都沒受傷吧？」

我想我問得很含蓄但清楚了，他回：「在大廳聊了很久，沒回房間，但另一個演員我就不知道了。」

哇～～多麼含蓄又充滿想像的畫面……

不久之後，獨哥又找上了我，繼續希望在台灣舉辦「保密但又要盛大」的演員甄選，我猶豫了。要保密，但又要很盛大；一樣沒有劇本，一樣只要男孩，一樣要帥肉！鮮肉！肌肉！

糾結一天之後，我推掉了，因為上海摸大腿和裝醉開房間的老舊戲碼，一直深植我心，儘管，他之後的確又投資了幾部電影，儘管，他的地位一樣德高望重。

男孩對於身體的「被碰觸」，當然沒有女孩的敏感或界線，甚至想說：當兵不都一起洗澡了，脫光衣服有怎樣嗎？

我不是健康老師，不用教你身體的探索；更不是公民與道德老師，教你拿捏尺度的劃分，一個願打，一個願挨，自己行為，自己負責。如果你問我演藝圈是否遇過有潛規則的情況，我清楚的告訴你，有！

但更多的是，潛完之後啥屁也沒有，甚至當成茶餘飯後，或是互相介紹的「食物」，然後被潛多了，鮮肉不鮮了，工作一個也沒接到。

那有沒有因為發生關係後，拿到角色機會的？

我也清楚跟你說：有！

但要看是哪種（爛）劇組、哪種（怪）角色。用身體換來的，永遠還不完。

最後讓我想到有過一面之緣的兩位前輩……

一位是作詞大前輩姚謙老師，除了在台灣的高知名度，也是在大陸深耕多年的全方位事業達人。

一位是從事大陸房地產三十年的超級好野人。（這位大哥最讓我下巴掉下來的話就是：「不要問我有幾間房地產，因為我算不出來，實在太多了……」）

在飯局裡我斗膽地問到關於檯面下做生意的眉眉角角，二位大哥的回答都是：

「水……很……深……」

水，到底有多深，我想一輩子日間課夜間課都上不完，我只能一再用自身的經驗，提醒更多的孩子保護自己；而這一系列的夜間部課程，礙於尺度，我也只能點到為止，不但更要寫得含蓄，也祈求獨哥不會看到這篇，各方「不聯合出品人」不要對號入座，不然我這身老肉，不是被摸摸大腿，或開房間，就可以解決的了……

（二）全家就是你家

表演學一直是和心理學綁在一起的，在研究角色個性時，其實就是為他人（或自我）的人生，做了一番理論的推敲。在心理學領域中，我個人最喜歡馬斯洛和阿德勒理論，後者因為《被討厭的勇氣》一書大賣，所以這幾年台灣頗多人能用更親民的方式理解他；馬斯洛很清楚的把人類的需求劃分等級，在你對人生迷茫時，也是很好很快速的檢視方法。

馬斯洛理論也是有進階版的，從當初的五個需求階級，幾年之後又被提升到六甚至七個階段，就像是遊戲破關一樣，一直打敗心中的大魔王，尋找更高更真的需求來自於哪？於是當初第五階級的「自我實現的需求」，多年後已更進化成「超自我實現」。但我不是心理學專家，沒資格在這談七論八的發表學術理論，而且此篇被列為「夜間部課程」，當然是融加了腥羶色和十六禁的話題，也請讀者自行斟酌，小心服用。

馬斯洛最底層，曾是我被新人問倒的問題：

「老師，我連下一餐都不知道在哪，請問我要如何發揮藝術興趣？」

這是多年前我被一個插畫家安哲問倒的問題。他當初被徐譽庭老師發掘演出電視劇《妹妹》，高帥和獨特的氣質，也算是被觀眾發現到這塊璞玉；而他真實的身分，是非常厲害的插畫藝術家，作品多次拿到國際級肯定，只是台灣藝術市場小，當時想要專心創作又不忍心放棄表演，於是丟了這樣的問題給我。

我很心虛和愧疚，很懦弱的提出了不才的建議：搬去較遠的地方，然後打工，維持興趣，但不要當成工作。幸運的是，因為他的堅持和努力，這幾年陸續還是有看到他表演和插畫的出版品，也拿到插畫界奧斯卡的獎項肯定、一些跨界合作的代言，收入應該有改善，興趣應該能當飯了，著實為他驕傲和開心，幹得好，安哲，要繼續堅持下去！

而在北京的小健，就沒有這般堅持了。

馬斯洛最底層的需求，就是生理的需求，簡單來說就是：吃喝拉撒，把自己養飽！但小健做不到，或說不想做，於是在北京高物價的生活，他錯用了馬斯洛最底層的需求賺錢，就是出賣自己的靈肉，當起了男妓。

小健當然是他的花名，而且在陪酒賣肉的包廂中，叫啥不重要，長相和外型比較重要。小健（也）是農村上來的孩子，在北京奧運之後，來了一大票農村孩子，覺得北京錢淹腳目，可能昨天在農村，今天就被招去蓋房子（這也是為何一堆豆腐渣工程的原因），而暴發戶多是靠房地產或賣煤礦致富，夜生活在奧運之後，也提供了馬斯洛最底層需求的燈紅酒綠。

畢竟北京還是天皇腳下，用身體賺錢總不能明目張膽，但大家心照不宣，聚集地多是裝潢簡陋的「包房」，也就是台灣的「卡拉OK包廂」。相對來說，上海更明目張膽和高大上，但北京打黃打貪政策都比上海嚴，「包廂」，就成了最好聚會又方便「逃脫」的快閃店。名義上就朋友聚會唱唱歌，但熟門熟路都知道，有新貨色來的時候，社交群組媽媽桑立刻私訊，很有效率的各種宣傳，比上班還認真，於是我們在一個應酬的場合，認識了小健。

那時一票台灣朋友來北京演出，好奇（當然也是馬斯洛最底層生理慾望）想看這裡的夜生活有多新鮮，我硬著頭皮拜託了必須常常應酬的台商好友，很快和媽媽桑聯繫上。

媽媽桑很乾脆，駕輕就熟的問得直截了當，要男的要女的？哪些可以帶出場？哪些只能陪酒不能陪睡？鐘點一小時多少？可提供哪些服務？頓時我也被他上了一課，如果我們甲方接案子能這樣爽快就好了。很快的，我們一票男男女女，被帶到了神祕小角落，因為不能直接發地址，畢竟也要防止條子來臨檢，我們只能在某處等他接頭，到了之後再引領我們過去。濃妝豔抹的媽媽桑，因為在戶外街燈下，顯得更加淒涼但真實，但笑貧不笑娼，沒錯，他也是討生活，也是馬斯洛最底層需求。

媽媽桑看到我們這票傻子，說話也直接，他說：「你們台灣人兒就是彆彆扭扭，來吧，沒啥害臊兒的，今天這局是：雞鴨同籠！」

雞鴨同籠?!好可愛的說詞，我噗哧笑了出來，同行友人問我：那啥意思？我問：「女的出來賣叫啥？」友人答：「雞啊～」那男的出來賣叫啥？友人又答：「鴨啊～」

所以雞鴨同籠是啥意思？朋友懂了，就是男女都賣！

在一個包廂裡，只要有錢有人有需求，男女都有貨，沒有買不到，只有想不到，什麼都賣什麼都不稀奇，於是，我的夜間部課程，就從這雞鴨同籠的包廂裡開始。

包廂大小其實不大，為的是容納更多的客流量和客源種類，和雞鴨們更多轉檯的機會，唯一的共通點有兩個：一是全面不禁菸，二是全面賣假酒。我這種不菸不酒的客人，就是專門來掃大家興的，但鑑於入境隨俗又善解人意，我還是不免俗的開始招呼起朋友，彷彿我也是雞鴨同籠的一份子，畢竟我當時定居北京，一票朋友來玩，我也盡盡地主之誼。媽媽桑很熟練的問清楚客戶的需求，喜男喜女？偏好哪種類型？一排一排叫進來，就跟買菜一樣，喜歡的當場就留下來，費用一晚從三百人民幣到八千不等。青菜蘿蔔各有所好，價錢差異大，不是陪酒雞鴨的素質，而是環境的奢華度。小姐少爺的費用都不是用小時計算，而是包整晚。也許你會疑惑那賺啥呢？就是那永遠偷加水的烈酒，一瓶幾百人民幣的烈酒，成本只要三十！大家都知道，醉翁之意不在酒，灌醉了，小費亂丟亂撒，賓主都盡歡。

比較「狡詐」的雞鴨們，知道包整晚又不帶出場，或是小氣的客人，最常使出的伎倆就是：我去上個廁所，然後一小時都搞消失，或是去隔壁包廂轉轉檯，胡鬧瞎玩一些遊戲，賺點小費。在幾輪「甄選」之後，我們留下了小健。

可能我也是鄉下孩子，對於同樣是鄉下孩子來打拚的人，就不自主起了憐憫之心和婦人之仁。小健皮膚黑黑的亮亮的，沒啥體脂肪，他說他從不運動也吃不胖，但我們都知道這是燃燒年輕而不是麗質天生，幾輪敬酒下來，整個場子就是二個字：尷尬。

小健不善言詞（更多時候是口音聽不太懂），一票台灣劇場朋友扭扭捏捏，也不知怎樣的玩笑和遊戲是不是過了頭，內心小劇場把對方應該是來自貧苦家庭、不得已來這邊江湖討生活……等幻想情節又演練一次，所以一個小時之後，小健主動的說：「哥兒，我為大家唱首歌兒吧！」

跟我出去玩的劇場朋友都是音樂劇演員，對於音準和音色很有潔癖，小健說帶來一首：「周華健的，為你歡喜為你憂。」他一唱，果然他歡喜我們都憂了，跑音和憨厚的辛勞，我內心（不該有）的憐憫之心又浮現，他賣笑不賣身（至少在這包廂裡不賣），也是為生活打拚，但選擇這樣的行業，我是該歡喜還是該憂？我知道我可能想多了之後，警察突然來臨檢了！

媽媽桑之前就有「暗示」說：偶爾會有臨檢，要我們待在包廂別出去，他們「協調」一下就能繼續歡唱。我想協調的意思就是塞紅包吧，但頓時玩興盡失，因為燈光要打得通亮，然後把包廂弄得大家就是去錢櫃唱歌，絕對沒有什麼叫雞叫鴨的行為。協調了一會兒之後，媽媽桑突然很慌張的說：「哥姊們，請大家現在立刻出包廂，去街上躲一下！」這會兒感覺事態嚴重，我們一票人慌張的「逃」出包廂，我真的不想在北京唯一上新聞就是社會新聞，而且是在這種場合。有一幕我至今難忘，我看到幾位漂亮的妹子在逃生樓梯奪門而出，內褲還懸在大腿一半！馬斯洛的最基本需求，除了維生，應該還包括逃生！

媽媽桑一直來道歉，說今晚酒水打折，免包廂費巴啦巴啦之類的，但劇場朋友早已玩興盡失，也沒人願意再走回隨時可能臨檢的包廂，匆匆付了錢，準備各自回家。這時，小健出現了。

是年輕人動作快還是小健太熟悉臨檢，他已經換好衣服拿好包包，準備要回家的概念，看到我們一票「扭捏」的台灣人在街上，他倒是老神在在說：「哥，沒事兒，不然我們去唱歌兒吧？」（雖然剛剛我們也是在唱，但，就是去其他「正常」的ＫＴＶ）。

台灣人好像也不太懂拒絕，大夥兒居然也就答應了，一票人上了計程車，去了三里屯那時最火紅的主題ＫＴＶ，意外的是，小健說這是他第一次打車，第一次去三里屯，第一次被「帶出場」，但不是開房間那種。

這家主題ＫＴＶ每間房間都有不同主題，內裝也呼應主題，有頭等艙座艙的，Hello Kitty 的，ＳＭ刑房的，監獄的，粉紅泡泡風的，一樣沒有做不到，只有想不到。我們選了一家很普通的，原因無他，是因為其他包廂都滿了。

畢竟那時奧運後，大陸經濟猛爆起飛，週末的三里屯可媲美紐約時代廣場，我們選了一家「水族館」風的，就是整個桌面是大螢幕，可以點歌也有很多魚，你用手觸碰魚會跑來跑去那種。很多魚、也很多餘的無謂裝飾，但無妨，反正就見見世面，小健第一次，我們也都是第一次。

如逃難似的離開包廂，我們和小健似乎建立起一種革命情感，秉持著劇場人好奇心的本質，我們幾個哥哥姊姊，開始對小健的生活產生了好奇，我們問：「你們在包廂都玩些啥遊戲啊？有沒有比較特別的？」

他說比較普通的，就是那種玩骰子、划酒拳那種，親親抱抱的，都還在接受範圍之內。但有兩個遊戲讓我心疼又驚訝，第一種叫：接龍水。

客人會把他們的上半身脫掉，或是敞開，下半身呢，嗯……就看小費給多少，有些玩很大的就要求全裸（可能這也是為何臨檢時會有人內褲懸一半的原因吧），然後一位客人把酒或飲料從他（她）們上半身倒入，讓液體流過整個上半身，順著往下流，另一個客人從胯下用嘴巴接住飲料，就像用嘴巴喝水龍頭的水一樣。接水的過程都沒有碰觸，但液體流過青春的肉體，遐想力十足，真不知哪個恩客想出來的，甚至還有個「接龍水」這般神聖的遊戲名稱。

還有一種，其實蠻殘忍也變態，叫：浴火鳳凰。

客人要求陪酒的雞或鴨脫掉下半身，或是懸在大腿間，然後把鞭炮（類似台灣的水鴛鴦）或是仙女棒塞入股溝裡（就是……那個……嗯……您便便的地方），點火之後把燈熄滅，就會看到慌張的雞或鴨又怕鞭炮掉出來，又怕燒到自己，於是夾緊肛門在黑暗中尖叫又亂竄，隨著五光十色的水鴛鴦在黑暗中飛舞，滿足恩客變態的捉弄心！沒有脫光，沒有性交易，沒有違法，也沒有尊嚴，這種遊戲，刷新了我們的想像力。

聽完，我們對小健的憐憫之心更強烈了，於是問起了農村老家的狀況。

不知道是不是我們一看就知道是菜鳥，入場前有「老鳥」朋友就提醒，不要跟少爺或公主（就是雞和鴨）聊太多，不用建立情感，因為一有情感，下一拍他們一定開始聊起老家有多辛苦，家人有多需要照顧，然後，就是跟你要錢。

但分享了小健的「接龍水」和「浴火鳳凰」的生活之後，可以理解，誰都想多賺點錢，離開這沒有尊嚴的「包廂社會」吧。

此時，小健突然拿出他的日記簿，裡面是密密麻麻的數字。

「我每天都會紀錄我賺了多少小費」，小健用濃濃的鄉音這樣說著。

他說家裏有二個老人家，身體一直很不好，他被迫出來做這樣的工作（是的，正如老鳥所說，溫情攻勢開始了），他打算存到十萬塊，就洗手不幹，回鄉下陪二老。

「那你還缺多少呢？」我問的時候還被朋友白了一下眼，意思就是：認真你就輸了，幹嘛開這種錢的話題。

「我現在存不到一萬塊，還需要哥哥姊姊們幫助……」小健說。

接著他又說：「哥，你看，為了紀念我鄉下的雙親，我把他們刺青在身上，勉勵自己一定要趕快賺錢回去養家，你看FAMLY，就是我把家庭看最重的順位！」

小健已經夠瘦，又拉下肩膀的衣服，在更瘦的鎖骨上給我看了「家庭」二字！啊，多麼孝順的孩子啊，多麼老派的套路啊，我看到「家庭」二次，內心有無比的同情和憐憫，但又忍不住笑了出來，我說：

「小健，我知道你很孝順，但你知道你的家庭刺青，FAMLY，少了一個I嗎？這是錯字……」

家庭（FAMILY），所有人都知道的重要性，但少了I（我），好像更有禪意？因為你這個家少了「我」，我應該這樣跟小健說的，但我知道，就是錯字，沒有啥禪意不禪意的加油添醋浪漫思維。

到現在為止，我都不知道小健家裏的故事是真是假，也不知他的記帳本是否存到了十萬塊，但我知道他的刺青一定沒有變。那個沒有「我」（I）的家庭，那個為家庭打拚的責任，全家就是你家的精神，在雞鴨同籠的小健身上，我看到了荒謬和救贖，夜間部的課，果然是學校都看不到的課。

（三）得了便宜還賣乖

通常引導一位新人進入角色，我們有各種派別的表演體系，但交集點還是圍繞著兩個核心精神，一是情緒記憶，一是感官記憶。

情緒記憶是指在你的生命體驗中，有無可找到類似的替換事件？比較容易懂的應該就是戀愛，一個失過戀、離過婚的人，在詮釋愛情劇本的表演時，很快能找到替換的情緒，進而達到角色的要求，而一個涉世未深的人或處男處女們，就得靠大量的同理心、模仿、想像，感同身受的去演繹離自己較遠的角色。例如：真實生活中你可能歷經過外遇，在角色中如果有抓姦在床的片段，當事者可以投射以往的傷痛，變成委屈的台詞，情緒直接可以調動你的角色雛形，因為日常生活中你也曾經受過傷；那沒有戀愛經驗的人，如果處理外遇，可以靠同理心，想像自己被好友背叛，被親人傷害，被師長誤會……等受委屈的情境，靠這些替換的情境，去建築你的角色，這些都能算是「情緒記憶」的引導方式。

而另一種建築角色的引導，也有靠「感官記憶」的，一樣舉例外遇的例子。如果導演希望用一種歇斯底里崩潰說出「你給我走開，畜生！」，這時表演者要回想，在極度崩潰時，你的生理會有哪種反應？燥熱？青筋爆發？悲從中來？或是氣到口吃？回想自己在遇到極度委屈或生氣時，你的生理對身體的影響，然後想像這些生理影響，說出這些台詞，即便沒有真實的事件輔助你，但情緒也可到位，一樣可建築角色。這類的方法，就可以彌補沒有真實經驗時，用感官，去幫助你虛擬一個角色樣貌。

內地有些導演稱好的表演是「情緒調動」加「生理反應」，就很類似我們所學的情緒記憶和感官記憶，這些，也是表演好玩的地方：一個真實生活沒有被劈腿外遇的女人，卻可以聲嘶力竭的怒吼出「你給我走開，畜生！」這樣激動的台詞，你說表演是真嗎？但，卻也都是虛擬的，真真假假，架構一個說服觀眾的角色。

也正因為表演練習需如此貼近真實情感，所以不懂保護自己，被妖言惑眾的表演理論迷惘，甚至犧牲自己純真的案例不在少數，我的教學經驗中，都有學生跟我哭訴被表演老師侵犯的真實案例。以下事件，除了名字，都是切實發生的，提供給

「夜問部讀者」當作警惕，也讓年輕的孩子好好保護自己。

在香港回歸之前，電影產業是飛黃騰達的，跟台灣的關係也頻繁，一部電影在台灣和香港取景，然後同步播放，當時都是雙贏的盛況，銅仔，就是這時期出來的鮮肉直男演員。當時不但女生辦選美，男士也要辦選美，銅仔頂著健美先生的光環，來台拍攝一部同志題材的電影，畢竟相較於亞洲其他地區，台灣對於這樣題材是相對開放和接受的。銅仔親口跟我說，他出身於一個貧苦的家庭，尤其在香港高物價的城市，想要活出一片天，是需要付出極大代價的，於是他去參加健美比賽，用身體賺錢，從每次參賽的獎金當中，彌補家中的困境，直到拍攝電影之前，他都住在香港的鐵皮屋，寄人籬下的小小鐵皮屋。銅仔是那種童顏巨乳的男孩，雖然這樣的形容很物化人類，但笑起來有酒窩，光滑健美的皮膚，二十出頭的青春肉體，很快有電影導演找上了他，故事是講述吸毒、性愛的糜爛生活，最後犧牲掉自己青春生命的悲傷電影。導演很會說服，說這樣的電影，能藉而提醒糜爛的青春孩子，要珍惜生命，但我看過劇本後知道，就是導演想自肥，吃豆腐拍自爽的爛片，但銅仔似乎沒得選，或說也急於想紅，被導演會用「藝術手法」的話術所迷惑。一個有錢，一個需要錢、一個有身材，一個需要身材、一個願打，一個願挨，這一切，似乎理所當然，直到他在片場被要求要真槍實彈。

這場戲是拍攝銅仔為了金錢，出賣自己身體，被壯漢從後面硬上的片段，導演說，為了讓演員感受痛苦的真實性，需要事先排練，把銅仔約到了飯店，說要試戲。導演劈頭就說：「找你是因為看上你很有潛力，希望你提供專業演員的素質，好好進入角色。」接著提出了要男演員全裸試戲的要求，還說，都是男人，你有的我也有，大方點，之後片場更多人，事先熟悉感覺，更容易進入角色。

銅仔當時只是二十出頭的男孩，不懂保護自己，全裸試戲，任由導演體驗「痛苦」的「感官記憶」。

銅仔說，他不是這樣的人，也想好好拍戲，真實生活中當然也沒有這樣的經驗。導演說：「所以你現在懂這種痛苦的感官了，就像角色中為了錢出賣自己靈魂和身體，做得很好，當演員就是要這樣！」

我是在拍完電影後和銅仔認識的，他身心遭受了極大的侮辱，在一個咖啡廳跟我哭著說：「拍片都是這樣嗎？」我無語，更是氣憤。

被侮辱的事件還不止如此。配合著電影，還有寫真書的發行，拍片現場，銅仔在完全沒有保護措施的狀況，拍下了三點全露的裸照。事後他跟我說，導演不但親自示範體位，甚至感到導演自己有了生理反應。

表演的界線在哪裡？他努力的想做好一個演員，不管是情緒記憶或是感官記憶，他完完全全做到這角色應該有的「被侮辱，被侵犯」，但不懂保護自己的狀況下，不但被要求真槍實彈，還被拍下全裸寫真！事後我看了電影，這畫面也被處理過，多是表情和身體其他部位的特寫，並不用全裸，更不用真槍實彈。事隔多年，我也沒再看到銅仔的作品，頂多就是一些平面的寫真，但也是那種印刷粗糙，或是網路平台的小眾作品，作品內容也多是賣弄肉體，只是，他的青春已不再。

難忘那天銅仔在咖啡廳哭著問我，表演是什麼？也讓我想到多年後在另一個電影劇組遇到的骯髒事，這次主角，換成了年輕的妹子，我就稱她為圓圓吧。

圓圓這次劇中的角色，是在夜店的酒促熱舞女郎，選上圓圓，也正因為她完美的身材比例，瓜子臉和天鵝頸，圓潤的大眼睛和豐滿的上圍配著纖細的腰，加上脖子以下都是腿的驚人身高，一站出去氣場就是十足女神範兒，難怪劇組很快定了她。只是，她沒有類似的酒店上班經驗，於是找來了資深的表演老師，多巧，也是圓圓當初念大學的表演教授，只是當時已快退休。知道彼此背景，危機感也因而鬆懈。

表演教授要求將排練教室的窗戶，全部用報紙貼起來，打上黃色昏暗的舞廳燈，然後用「情緒記憶」，引導學員在真實經驗中，是否有真實事件可以替換？是在哈囉？多少演員有陪酒經驗?!有也不會說吧?!光是這樣的指令，就讓我對表演教授的引導大扣分，尤其我們又是在同一個教學領域！接著表演教授又出招，要圓圓下堂課，準備最性感的衣服，跳一段舞。或許這沒有身體接觸，但性感並不是建築在服裝的布料多寡上的，這樣的要求，也令人作嘔。跳完第一次時，表演教授居然問了一起在排練場的副導演說：「怎樣？你有勃起嗎？」

副導演也是個年輕的孩子，對於這樣愚蠢的問題，完全措手不及，更不用說大家努力在琢磨角色上，哪有心思回答勃起的問題！副導演支支吾吾的說：「嗯……還好……沒有……沒有……」表演教授趁勝追擊說：「圓圓，考核不合格，下次再準備一套節目。」

聽到這我的雙拳都要勃起了！這是怎樣的老師素質，用勃起去評斷一個表演性感的好壞，難道演酒醉，真的要醉酒；難道演殺人，真的要被人殺？更何況這是出自藝術名校的老師，沒想到令人作嘔的還在後頭。

圓圓好不容易爭取到這角色，當下也沒反應這已經造成了言語的性騷擾。教授要她再跳一次性感的舞，這時教授說，他要演酒店的恩客，如果表演得好，會塞紅包的那種恩客，就跟劇本寫的一樣。

圓圓不疑有他的舞弄青春的汗水，穿著接近內衣的性感裝扮，在密不通風的排練教室，突然，表演教授為了「進入角色」，伸手抓了圓圓的雙峰，然後用色瞇瞇的眼神，看著「圓圓創立的角色」。

圓圓沒有停下來，教授說，要記住這種在酒店上班的感覺，遇到無禮的客人，工作還是要繼續，繼續賣笑，記住這樣的「感官記憶」，這就是角色的無奈感，

劇本的雛形！

身旁的副導演也看傻了，但畢竟他也是二十出頭的孩子，以為這就是表演課的引導，直到圓圓覺得夠了，因為被一個老頭正大光明的襲胸，撇開基本表演課訓練，都知道這個實在過分了，圓圓自己喊卡，即便片場演員不能自己喊卡，但是時候停止了！排練教室回到正常，圓圓眼睛有淚水的坐在一旁，副導演一臉無辜的呆坐，表演教授像是滿足色慾的老頭，在一旁讚美著演員。

我就想奇怪，為何劇組是後來才要我空降當表演指導。我想明眼人都知道之前的訓練發生了啥事，但錯誤已經發生，我們如果控訴教授，也許老師有冠冕堂皇的理由說：「這是表演課，我們在做表演訓練！」

換我接手之後，我告訴女演員，表演引導有很多方法，不是一切都要「身入其境」，演妓女不可能叫你去當妓女，演強暴犯當然不可能叫你去強暴人。被襲胸，已經是明顯的職場性騷擾，你要提告嗎？圓圓說，算了，戲都沒拍就搞這齣，資方應該覺得我難搞吧？況且原有的表演教授也被換掉了，息事寧人，大家好好往下工作就好。

圓圓是內地新人，彷彿對這種事見怪不怪。我太心疼，也太氣憤，但當事人不提告，我也沒輒。我們的戲很順利往下拍，但演員被教授襲胸的事件，卻也石沉大海的不再被提及。

我也省思了自己在表演引導上的練習，如果今天我接到一個任務，像是銅仔一樣要表演「被玷汙」，像圓圓一樣表演「性感被吃豆腐」，我該用怎樣的情緒和感官記憶去引導演員？前者我可能會用感官記憶，請學員想像在大眾面前光著屁股，被老師體罰的羞辱感，或是突然急性腰閃到、盲腸炎、肚子痛……類似的「劇痛」，去轉換被玷汙、被羞辱等表情。拍攝時也要確保給演員一個舒服安全的劇組環境，清楚告訴演員，對手的動作、台詞、借位的技巧。

後者女生被吃豆腐的尷尬情境，我可能會用生理期突然來，但忘了帶衛生棉，或是在台上演講，但突然放了個屁，甚至有屎味出來，但卻要保持冷靜微笑的事件，替換真的被襲胸的不知所措。這些說來好像很抽象或難以想像，但其實只要清楚給演員一個安全的指令，很多表演，都可以用替換法，不一定（也不可能）都是來真的。來真的，來真的，也許會觸及演員的底層恐懼，造成無法磨滅的傷害，前者伸出鹹豬手的導演，後者露出狐狸尾巴的表演教授，都是江湖夜間部課程中，令人作嘔的狼師。

拍片時身體的接觸難免，但身為演員也可常用情緒記憶和感官記憶這兩種簡易的表演方法，檢視是否有類似的替換事件可以借鏡。現在網路發達，也有太多成功的電影片段，能夠提供特殊角色的學習對象。就拿李安《色戒》中引發討論的迴紋針體位的性愛，在採訪中演員都提到，儘管是拍性愛或情慾，但都是經過精密計算的鏡位，在極度信任的環境下，才能拍出藝術的氛圍。如果是滿足私人慾望的導演，呈現的將是三流的作品，也心疼這些曾在夜間部受傷的演員們，才能讓後輩新人演員，有這些警惕和警告。

第五堂課教會我的事

學校教我們接受表演時的身體接觸，但江湖教會我分辨和拒絕！不拒絕，這種夜間部的課只會越來越多，越來越齷齪……

第六堂

神學課

（一）女明星的第一次

如果有人問我哪種行業最需要老天賞飯吃，我的回答應該是：當模特兒。

即便現在各種醫美的流行，小臉、美白、肉毒、拉皮……早就是進場維修的必備條件；但模特兒的長頸線條、肩平鎖骨細、身高腿長比例，先天條件真的占了絕大因素，儘管有號稱可以打斷小腿重新增高的最新技術，但我想打打肉毒可以，打斷小腿為了當女模，這種勇氣和魄力，真的不健康也沒必要。

而當導演的好處，就是可以看到各種模特兒和女明星的素顏（？）。

我曾經問一個剛入行的模特兒經紀助理，工作最怕什麼？

她說：早起。

我說：但拍片都是這樣啊！例如搶日出，搶日戲，發清晨五、六點通告是很正常的。是因為大家都起床氣嗎？還是遲到？

她說：遲到多少有，但我最怕點名，因為素顏我一個都認不出來……

我完全秒懂！因為在試鏡或拿到模卡（就是模特兒美美的簡歷）時，都是完妝或修圖之後的，但清晨的通告，所有人都是素顏剛起床，蓬頭垢面，美瞳粉底睫毛……都未上，只看到一支一支超過一百公分的大長腿，至於臉……嗯，您哪位？

小助理們剛入行時，當然是從最基本的發通告、買早餐、點名開始，有一次時間已經夠趕了，巴士還遲遲未發車，導演一直催促到底還缺誰，快點名和找人，助理過了十分鐘弱弱的說，導演對不起，她們素顏我一個都認不得，要厚臉皮一個一個確認名字，才能知道誰到誰沒到。

幾次之後她學乖了，印好報到表，假裝說要簽名領早餐，其實就是為了認清「小姐您哪位？」，倒也不失一種聰明的好方法。

有時發外模（外國模特）通告更是如此，除了臉難記，尤其很多來自俄羅斯或北歐國家的名字，都算是神學課程，你永遠無法理解的神祕黑洞學！

我和另一位秀導朋友道光，曾經要導一場服裝秀，從甄選到定妝定裝，我們用的是A外模，但演出當天開天窗（A外模忘了是遲到還是排練態度不佳），我們決定找B外模頂替，從演出到謝幕，順利結束，而客戶完全沒看出A和B的差別，這……算是塞翁失馬嗎？

女明星的素顏和完妝，永遠是神學課奧妙所在。

知性和感性兼具的美麗主持人侯佩岑，也算是我指導女明星中的神學。

侯佩岑穩健的台風和美麗的氣質，當時早已主持了多次的大型頒獎典禮，金鐘金馬的雙語口才，更是國際頒獎主持不二人選，就在她和周杰倫小天王打得火熱時，節目部找上了我當導演。

每年金馬獎，不管是得獎與否，大家最熟悉的語彙都是低沉的嗓音配著「入圍的有～～」，然後才是入圍介紹。節目部非常有創意，想要打破傳統，把當年所有沒入圍的影片，全部串在一起，而這些經典片段的女主角，全部由侯佩岑小姐擔任。

場景百分百還原，台詞百分百還原，只是這些，都是侯佩岑演繹，而且都是沒有入圍。

所以當主持人介紹最佳影片，「入圍的有～～」之前，我們要先看「沒入圍的有～～」。

更具噱頭的，侯佩岑自己也是當年的主持人，然後引領全場觀眾，看著自己神還原「沒入圍」的電影片段，現場效果和笑果十足，最重要的，這是侯佩岑女士第一次演戲，在這之前，她可是永遠的美麗公主，絕不容許有搞笑或破壞形象的表演。

當時的腳本的創意來源，是資深娛樂記者朱健弘先生，他找上我當該短片導演時，受寵若驚的想說：天啊，是侯佩岑誒，一定有公主病！但看在錢的份上，我當然一口答應。

當時侯主播的聲望和時間，能卡出一天配合拍片已是謝天謝地，從來不遲到的我，也是天未亮就到電視台報到，討論腳本和前置作業，此時製片很客氣的在我耳邊呢喃說：「抱歉，導演，侯佩岑想先見一下你。」

這也合理，前置作業都是和攝影師討論分鏡和剪輯手法，女主角都是最後一刻才出現片場，而且不是在攝影機前就是在保母車，哪有時間哈拉和合照（雖然最後還是有寡廉鮮恥的照一下），能在開拍前見到女神本尊，何樂不為。

說實話，我很緊張，但必須鎮住場面又戒慎恐懼的推開化妝室的門，拜見女神！

「這是今天拍攝的導演。」製片有禮貌地介紹著。

我心想，到底要有幾層關卡，才能見到女神？都要拍攝了還給我擺架子，這位小女孩你哪位？應該是哪個後台很硬的女兒來探班的吧？我虛情假意的回了個笑沒吭聲。

「導演，這是佩岑，想說拍攝前先跟您打個招呼。」製片又是很有禮貌的介紹。

我心理一涼一驚又一嚇，什麼?!這是侯佩岑素顏的樣子?!膚質白裡透紅，幾乎沒有瑕疵，沒畫眼影也沒上口紅看起來根本是未成年少女啊！身材和臉蛋也都小一號，完全不像駕馭全場的甜美主播，剛還以為是哪個屁孩來後台搗亂。

完全懂女明星要控制身形不能發胖的辛苦，也多虧我們劇場的紮實表演訓練，我藏住內心的激動和沒認出本人的尷尬，很識相客套的秒回：「辛苦了佩岑，今天很早起，我們就放心的拍，放心的玩，會很有趣的！」

接著我回到現場等待，等著完妝後「大家熟悉那張臉」的女神拍攝。

第一個拍攝片段，是當年入圍十項提名的賣座電影：《功夫》！頒獎典禮中嘲諷的是「沒入圍女主角」，所以這部電影入圍十項，卻獨缺女主角沒入圍，《功夫》完全符合這短片的揶揄精神。

佩岑神還原的穿著和電影女主角（黃聖依）一樣的服裝，氣質非凡的她完全沒有違和感。但挑戰來了，我們要現場瞎掰一段手語，女主角嘲諷自己為何沒入圍金鐘！（因為電影中女主角是啞女。）

人際關係中常有一個通則，越是自我要求完美的人，如果做不到的時候，越會挑戰你的專業度！

簡單來說，就是你要說服他，為什麼要做這個事？是自己能力不夠？還是你的專業度不夠？造成事情無法往下？佩岑在試過很多次「瞎掰手語」之後，我覺得效（笑）果還是不好，而她也使出全身「搞笑」能力了，但鏡頭看就是不對，我一直喊卡，佩岑急了，也提出拍攝要暫停一下，我們得開小房間聊聊，不然彼此浪費太多時間。工作人員無需安撫，因為侯小姐是以高EQ出名，絕不生氣或動怒，但很清楚你會知道，她做不到，因為她需要更清楚的「指令和說服」！

其實我還蠻高興一開始拍就提出問題，至少不是拍了半天沒有效果人家都浪費時間。到小房間之後，佩岑很清楚的告知，她不懂為何要做這個表演？直接挑戰了我導演的權威。

還好我們是學專業戲劇出身，說服演員，是當導演的第一課！

人際關係的不二法門，就是先讚美之後，再說「但是」……

「但是」，總是事情的重點，而不是讚美本身。

我先鼓勵佩岑，我說：你知道嗎？戲劇裡面，我覺得喜劇最難演，而你，從來沒演過戲，沒拍過戲，直接挑戰最難的，真是不要命，但也是最珍貴的！

我們不要，也不用誇張的戲劇表演，要很周星馳那種冷靜，淡然，嚴肅的幽默，一種很認真、很內斂的喜感效果，而不是「喂～～」那種綜藝咖鬧劇。

你百分百還原穿著各部女主角服裝，而這些電影都是遺珠之憾沒入圍的女主角，本身就是大亮點，無需「用力」演，一用力，就是討好觀眾，現場頒獎典禮又是超大螢幕投放，每個表演細微都被放大，用力，就不是精緻的喜劇。越收斂，越高級！

剛剛就是太用力了，因為你怕觀眾不懂，或是怕觀眾不笑，但這種用力，是完全不需要的！

我永遠忘不了侯佩岑張著超大的眼睛盯著我（當然也是因為畫好眼線了），她頓了一下說：「好，我懂了，我們再試試！」

果然自我要求很高，EQ也很高，不得罪人，但你要說服她！

回到現場之後，我們再試幾次，效果都出奇的好，眼神專注，但身體更鬆了。瞎掰的手語，像是嬰兒牙牙學語的呢喃，觀眾不知道意思，但覺得可愛又想往下看，表演抓了重點，我的心石也放下。換鏡位時，製片組突然又告知：

拍攝暫停！佩岑先回保母車！

我心想：夠了，又怎麼了？女明星問題真的很多誒！

製片組慌張的跑來告知說：「嗯……有狗仔在偷拍我們，狗仔躲在樹上！」「樹上？！？！」我承認我有綜藝咖的喂～～的摔了一下。爬到樹上也太拚了，那怎麼辦？消息怎麼走漏的？那我們還拍嗎？

當時年輕的我，看到素顏的女明星、質疑我的女明星、爬到樹上的狗仔……一切的一切，好新鮮，好令人興奮！

不過也不難想像，當時我們揶揄的電影當中，有一部就是緋聞正熱的周董的《頭文字D》，侯佩岑還要調侃此部電影，然後和周董的對話剪接在一起，這樣，也算戀情曝光後的世紀大同框吧！

製片組辛苦的把狗仔請下樹，安撫和說明我們的拍攝，並且說會給他們獨家或專題，算是稍微安撫汪汪們，我們也順勢的往下拍攝。

之後分別模仿了《神話》、《頭文字D》、《天下無賊》、《愛神》等片段，進度順暢，現場笑聲不斷，完全沒有首次演戲的生澀感。

幾週之後的正式頒獎典禮上，播完「你沒入圍」之後，現場跳回又看到佩岑和胡瓜大哥穿著包租公包租婆的造型頒獎，一氣呵成，記者們對這樣的巧思也稱讚不已。感謝朱健弘帥哥的信任，我的任務完成，沒丟人！呼～～

女明星素顏前的禮貌，完妝後的專業，拍攝中的質疑，完工後的大方，都不在任何教科書中可以學到，但都是我累積人際關係的經驗談。在慶功宴的時候，佩岑還說，自己完全不是走甜美主播路線，之前在美國念書，是會坐重型機車去遊山玩水那種，個性像極了男孩。難怪，可以單刀直入、就事論事的提出疑問，覺得喜歡！

最後值得一提的是，當時短片播出後，台灣永遠的另一個女神林志玲瞧見了，她實在太好奇我們為何可以打開佩岑的心房，或說拍出配岑如此沒有心房惡搞的一面，還因此邀約我和侯小姐上節目，大聊拍片趣事。一次蒐集兩位女神，也算是我神學課的最高成就了吧！

多年之後，儘管志玲姊姊也成人妻，依舊稚齡。

我的上海好友在時尚圈擔任多年公關，帶過姊姊跑場無數大小活動，場場當然都是暴動。他說：志玲姊姊從不生氣，儘管現場有多混亂，都是甜美回應，最令人印象深刻的一場，是她對著滿滿四五樓商場的來賓說：「謝謝，辛苦了，謝謝，辛苦了！」

請注意，來賓是在四五層樓，他們不可能聽得到，但志玲姊姊就是：真的就是，一邊離場，一邊揮手一邊說謝謝，辛苦了，謝謝，辛苦了……更直白的說：她是在對空氣說，沒人聽到，只有旁邊的助理……

我覺得「對空氣也要很有禮貌」。

也很值得列為神學（無法參透）的人生重要學習之一！

（二）內建莫蘭迪色

喬治・莫蘭迪（Giorgio Morandi），九〇年代義大利重量級藝術家，當初是以靜物畫為主要畫風，而再度被華人世界討論的，是近年的陸劇《延禧攻略》爆紅，劇中使用的服裝色系，就是把所有彩度明度都降階，讓所有配色和視覺更顯得高貴優雅，而被大家稱為「莫蘭迪色系」。幾年前上海藝倉美術館還大手筆展出真跡，宣傳也號稱這位藝術家是「無印良品」的創意繆思，一系列高雅高貴的顏色，就是從莫蘭迪的畫作中得到靈感，於是，這幾年在色彩或室內裝潢中，「莫蘭迪色系」，也是我自己最愛的配色。

而我，是有資格，也是最沒有資格說這話的人。

最有資格，是因為在藝術學院的求學階段，我們有堂色彩學的課程，主題是

「仿～康丁斯基創作」。康丁斯基是誰呢？是比喬治．莫蘭迪早約三十年的俄羅斯畫家，康丁斯基的配色和莫蘭迪先生完全不同，走的是彩度和亮度都閃瞎眼路線，配色大膽，用色高彩度。大學期間這堂課，是由楊其文教授指導，希望我們借鏡康丁斯基的配色，創作出自己的作品，油畫、水彩、版畫……形式不受限，是個很好的學習過程。我很有資格，因為我是當初全班評比的最高分。

楊其文教授誇我，配色是全班最佳！

那為何也最沒有資格呢？因為，我天生就是色盲，連紅綠燈都無法分辨的那種色弱程度！一個色盲在教授不知情的狀況之下，拿到全班配色最高分，也成了本篇神學課的內容——色盲世界很難懂的神學邏輯，不可言喻的有趣和衝突。

發現色盲是我親姊姊，那時兩小無猜在國小去參加學校的野外寫生，我當時只有小一或小二吧，我很「大膽」的把整支樹幹塗成「綠色」（當然當時我以為是咖啡色），我姊還狐疑地問我，為何樹幹是綠的？我說這是咖啡色啊！姊立刻喊：「媽媽，你來一下！」很快的我被帶去保健室玩數字顏色猜猜猜的測驗。

我想正常人應該都覺得這種用色彩點點補滿，然後說出數字的測驗很侮辱人吧？當然很快一秒就能看出呈現的數字或圖形，但在我眼裡就只有四個字：花花世界。哪有啥數字可言！一開始老師還以為我在鬧，直到有一種測驗，是正常人會看成多少、色盲會看成多少的數字測驗，才斷定我天賦異稟……

絕大數的人，都是輕微紅綠色弱，而我是除了紅綠、咖啡、灰、粉紅、藍、紫、橘……，只要彩度不夠高的，就很容易誤判，可能也是因為這樣，我看到「莫蘭迪」系列特別有回家的感覺，因為顏色都灰灰的，低階彩度的，很熟悉。

我從小就常被問到的問題是：「啊？你是色盲，那，這個是什麼顏色？那個是什麼顏色？」我一直覺得這是全世界最笨的問題，就像我問你：「你覺得色盲看草地，會是什麼顏色？」你一定答不出來吧？因為這和相對論一樣，顏色是相對在正常眼睛裡，被定義出的名字，你不是色盲，無法猜讀我心；同樣的，我不是正常眼，我也無法告訴你我看到的顏色，無法比較，無法回答。而大家最常問的紅綠燈問題，我則是記憶燈號位置：台灣橫式為右邊是綠燈，左邊是紅燈；國外直立式為下邊是綠燈，上邊是紅燈！用圖像記憶法，然後久而久之，把「該種」顏色輸入大腦，知道何時走何時停，不過只要換了降了彩度或是改變明亮度，我一秒又被打回原形。

尤其有些地方是五個燈那種，我只好使出「人云亦云騎車法」，別人走我就走，別人停我就停，倒也樂得輕鬆。而且我的機車路考，也是靠作弊拿到分數的。體檢那關（就是要看色盲檢測表時，我很幸運的遇到自主填寫），就是自行打勾驚險過關；路考那關，你們一定忘了，路考的警示燈只有一盞，並不是橫式或直立的紅綠燈可以背誦，於是我派一位朋友陪同我，假裝是在陪考，事實上是在路燈變綠時，拍手「啪！」一聲，暗示我往前走，於是，我擁有人生的機車駕照！

汽車就沒這好運，體檢的檢查較為嚴格，也必須在監理所進行，於是，謝謝色盲，我到現在無法開車，省了開車和買車的所有費用。

這天生的缺陷，完全沒有影響我的作息，除了我多了很多粉紅色的衣服，因為我買的時候，以為它們是灰色的。也好，一直走在男孩穿粉色系的先端……

但這缺陷，就在大學成為楊其文老師的惡夢，當老師把我評比出全班配色最好的成績時，全班哄堂大笑，因為除了老師，大家都知道我這雙奇怪的眼睛。鑑於我們和老師總是打打鬧鬧關係不錯，我說：「老師，我想告訴您一個祕密，但這個祕密，我怕有辱您幾十年的教育生涯……」

「什麼祕密什麼祕密？不要在那邊裝神弄鬼！」

「不然這樣好了，老師，我們全班都把這祕密寫在紙條上，如果全班寫的都一樣，您就要請全班喝咖啡！」

「來呀，寫啊，誰怕誰?!」楊其文老師跟我們一樣，可愛，也激不得。

於是全班把「色盲」二字的祕密，全部寫在小紙條，我整把呈交上去給老師，他一張一張揭開，也像是一次一次打擊，因為他給予最高分色彩學的我，是個全班都知道的色盲。當然，他也願賭服輸的請了全班喝咖啡。這個故事，至今在楊其文老師身上，都是一個「笑點和痛點」，但對我，卻有很大的啟發！

顏色這種像神學課般神祕又難懂的「名詞」，因為老師的肯定，顏色對我而言，變成了「形容詞」。

尤其後來在大陸當了好幾年的秀導或劇場導演，我們總要告訴各部門主視覺甚至服裝的主色調，我都是用形容詞來闡述，換句話說，好像讓設計者有更多的想像空間，而不是用一個色卡的制式規定，把創意說死了。

前年我在上海完成一個複雜的沉浸式戲劇項目，我是全劇唯一的總導演，劇中所有的美學和色系，我都要參與意見。當時有一場戲，是穿得很少的一對男女，要在鋼管上完成高特技動作，我不知道（你們）心目中的紅色是怎樣，但我就會說：我要一種性慾高張，像是健身房煙霧瀰漫、慾望四起的賀爾蒙感覺！要有呼吸急促感，想要脫掉自己衣服，也想脫掉對方衣服的那種的光感！

事實也證明，那場效果十足，可能到這本書發行的現在，燈光設計才知道我是色盲吧？抱歉，還有謝謝了！

這種把名詞變成形容詞的訓練，我也會放在表演課的表達訓練中，去訓練表述和想像的能力。

例如我會拿一張變形的一〇一大樓圖片，然後要學生用各種形容詞，去描述你看到的、聞到的、摸到的……一切感受。為何這樣做，就是希望你打破慣性，不要被第一眼的視覺所矇騙，就像不要第一次就被編劇的角色框架住。

例如編劇家寫：一個醉漢拿起了酒，告訴朋友說：「我～沒～醉～」我想十個有九個學生，已經用帶著醉意的台詞，演起了我～沒～醉～。但在我的台詞訓練中，反而會先讓學生描述這場酒醉的樣子，儘管劇本沒有詳細列載，但要從僅有的線索當中，形容這個人酒醉的時候像什麼？

像柔軟劑放太多的棉被質感（形容軟趴趴又無力）？

像牛肉煮太熟的堅硬（形容很奧客又酒品不好）？

像粉刺拔不出來的強迫症？

這些，都可以用一種描述的狀態，進入角色的核心，只有說出「我～沒～醉～」這三個字可能沒啥差別，但累積一定詞量之後，心中的形容詞就會慢慢累積成名詞，變成「你」所創造出來的「醉漢」，而不是一般人經由表面模仿，說出的膚淺台詞或膚淺角色。

色盲打破慣性，用形容詞，描述名詞！

這幾年因為醫學的進步，購物平台上有了號稱能「治癒色盲」的眼鏡，有些人應該有看過那種戴上眼鏡就痛哭流涕的感人影片。我的好友周瑩，居然從美國網站，越洋訂貨，直接快遞送到我上海家門口！

我和朋友還特地很有儀式性地，在蘇州河畔，望著綠油油的草皮，做了一個完整的開箱文。

我小心翼翼的打開這副昂貴的醫療眼鏡，幻想自己是平台上那種要痛哭流涕的受益者，畢竟跟了我幾十年的眼睛，今天要有突破性的改變，我終於可以體驗「你們」正常人看到的世界。我刻意讓眼睛閉上幾秒，三二一之後，戴上，張眼！

世界變了嗎？有，變了！

想像是莫蘭迪色被美顏了，原有的彩度、亮度，都被明顯升了一階。我好奇的看著身邊各種事物，心想：哇～這就是紅色喔。哇～這就是綠色喔。但同時也質疑，誰，規定了這顏色？就像桌子沒有賦予名字之前，它為何不能叫「椅子」？所有的名稱，都是被冠上符號的，重要的是，你的感受？你的感覺？你的感官？這些是什麼？

開箱文沒有痛哭流涕的效果，卻引發一連串的實驗精神，例如正常的人戴上去有啥差別？有趣的是，有些人完全沒差，有些人覺得顏色變深了，有些人覺得，就是一個有色差的墨鏡……。這種猜猜顏色的老梗，從國小玩到現在，也許我真的不覺得有啥自卑或麻煩，到現在我媽還會忘了我是色盲說：「兒子，幫我把綠色那件給我！」然後沉澱了幾秒才說：「喔，幫我把左邊第二件給我……」

劇場界其實也有某位大師是色弱（或盲？）但他始終不願承認，好像有辱他在劇場美學大師的地位，畢竟他也是以兩岸最重要的藝術家自居，如果承認了這，地位有所動搖，又或許，他也是把形容詞用得最好、最會說故事、最會形容顏色的大師吧。

莫蘭迪色被廣為使用的好處，彷彿為這世間的色彩學又洗了一次牌，沒有彩度很高的純色，沒有亮度很高的明色，如果下次有人再問我，你們色盲看到的是什麼顏色？我一定會說：「是神的視角——莫蘭迪色。我天生內建，好可惜你看不到！」

（三）原來上帝說法文

搭捷運來到北門，三號出口出站，穿過塔城街，接到南京西路，就可來到台北最古老的迪化街，一秒回到百年前日治時代大稻埕的輝煌年代，當時以賣茶、糖、樟腦生意聞名的台灣，也孕育出不少的商業奇蹟。有顆曖曖內藏光的珍珠，也這樣默默陪伴了單身少男少女，那就是台灣名列前十名靈驗的「霞海城隍月老廟」，永遠的香火鼎盛，永遠有傳奇的故事流出，而且不受語言和國家限制，甚至跨海求緣，也被我親身經歷。

當時有個妹妹朋友，是個法國妞，聽說了台灣這間神奇的月老，許久沒有戀愛的她，打算死馬當活馬醫，更正確說，是法國妞心中已有暗戀對象，想借助神明力量幫一把，送做堆。我把信件印了出來，裡面寫的是對象的英文和法文名字，戰戰兢兢的到了神明面前。

進廟宇前，我習慣洗手，有帽子也需脫去，表示對神明的尊敬。點香後第一拜都是對外的「天公伯」，像是拜碼頭一樣，唱名自己的名字、出身、居住城市……等基本資料，而且和行天宮一樣，有經驗的祭祀者都提醒最好名字要用台語發音，這樣更接地氣。我支支吾吾的把法文名念出，自己覺得荒唐得很想笑場，可能因為開場白太久了，畢竟真正想求姻緣的主人在法國，我只是一個發言轉述人，但不確定這樣「代考」，會不會通過考試？另一個很想笑場的原因，是法國妞暗戀的對象，有類似中南美洲或非裔的姓氏，相當拗口，加上法國R的吐痰音，念完名字很難不分心，也不確定神明是否聽懂，我心裡說著：神明好，我是陳金煌（台語），我幫我的法國妹妹朋友%︿&*Y（很多吐痰音）來求姻緣，她在工作職場遇到了%︿&%$%︿&&*（很多音節和很多吐痰音），希望兩人能有好結果，MERCI（法文的謝謝）。

我手中還握著法國姑娘的信件，幻想神明的英文和法文應該都不錯，就這樣說服自己「心誠則靈」的祈求法，結束這看似荒謬的行為。

西方人大多數不信風水，更何況法國妞還是個有宗教信仰的姑娘，對於她的越洋請求，我也盡力了，但心想，最好這樣能成，我連名字都說不清楚……

事情過了一個月，法國妞寫信告訴我，他們親嘴了！

我說：是戀愛的那種親嘴，還是性衝動約會那種？她說，是認真談戀愛那種，而且以結婚為前提！我傻了，我的破英文和爛法文，這樣越洋求姻緣也行，這非得去月老廟還願了。

接著不到一年，他們註冊結婚了，卻遇到了無法生育的困境，想到一年前我的「好業績」，又找上了我想幫忙去廟宇求子。我說：大稻埕的霞海城隍廟是月老靈驗，至於求子孫，好像要去送子觀音之類的，但這間似乎不是以這走紅，我暫時婉拒了法國妞。

法國姑娘結婚一年多以來，試遍了各種西醫的方法，催卵針、試管嬰兒、人工受精……等，但似乎效果不彰，每次就是無法著床。我心軟答應說：我去感覺一下廟宇的氣場，如果有感應到任何連結，一定第一時間去祭拜！

當時我已從台灣搬到北京，北京也是個廟宇眾多的城市，但每次到了求子觀音像，就是沒有太多的感應，我就決定不輕易說出這樣的請求，不要亂槍打鳥，要就一次火力全開，怎知去山西平遙縣旅行，卻開啟這樣的神奇之旅。

平遙是清代晚期在大陸很重要的商業城市，之間還有「中國華爾街」的美譽，也因古城樣貌保留得非常完整，一九九七年被聯合國列為世界文化遺產，只是近年觀光客實在太多，古城完全淪落成販賣紀念品的小吃街，好像台灣很多城市也逃不過這樣的命運，所以儘管平遙有著重大的歷史意義，但我爬文爬到了離它六公里處的一間「雙林寺」，似乎更有著神祕的色彩。

如果你查雙林寺的歷史，幾乎沒有確切的年代，只知道它是漢傳佛教中重要的媒介，更有歷史學者預測，有些雕塑甚至來自六世紀，從元代時期就有，意思就是上千年的國寶，比起大稻埕百年的月老，雙林寺可是資深大學長了。也因為交通不便和離平遙市中心有些距離，一般團客不會驅車前往，所以多半是對考古有興趣的專業人士，遊客素質也高，我很有儀式感的走雙林寺，幻想自己是元朝來祭祀神明的文官武將們。

姑且不論這些彩塑是否真從元代流傳，但的確藏量和精緻程度，很令人驚豔，尤其沒有團客、網美，以及叫囂的小吃攤販，這份六公里外換來的清淨，很推薦來平遙的朋友一定不能錯過。在讚嘆彩塑和眾神像的同時，眼中瞥過了小小一尊佛，在身後不起眼的位子，不是主位，但我彷彿感應到一股「被暗示」的力量，被暗示要前去祭祀，被暗示要前往一拜。很多人應該都有突然似曾相識，或是明知山有虎偏向虎山行的冥冥指引，你不知道那是啥，但你知道要前往！

雙林寺是全面禁香火的，這樣也好，畢竟天乾地燥的，一個不留神，把千年古蹟給毀了。我戒慎恐懼的來到這小小的神像面前，開始念念有詞的說出我的祈禱文。這下地緣關係更遠了，我不在台灣，而要求子的夫妻是法國人，然後我在山西要遙控神明，請祂空降個娃兒，給一直無法受孕的法國佬！好艱鉅的任務，但一樣我嘴中念念有詞的，用標準的普通話、很破的英文、很爛的法文，把重點人名都闡述一遍，畢竟在百年大稻埕能成，我想千年雙林寺，學長不能輸吧？儀式感的祭祀之後，我回到了平遙，再回到了北京。

幾個月之後，法國姑娘喜極而泣跟我說，她受孕了！而且是雙胞胎，而且是一男一女！！

這次的受孕，讓法國姑娘不得不信東方神學的魔力了，試了一堆的西醫，一個在法國首都巴黎，一個在山西古城平遙，這樣神明也互通?!

第一次的戀愛成功，可以說是巧合；第二次的求子成功，不得不敬畏了。

我很確定神明精通各國語言，而且不受地區限制！

知道這個天大的好消息，我決定隔個週末再飛一趟山西，去跟神明還願。我直接跳過平遙商業古城，直奔雙林寺。我已經淡忘當初「我被暗示」而前往的神像位置，於是一尊一尊的尋覓，越走越熟悉了，就是祂，我含著淚激動的告訴祂朋友受孕的辛苦和最後幸運中雙胞胎的喜悅，接著想好好端詳這尊神像到底是何方神聖，我一瞄又驚呆了，居然就是送子觀音！而且身旁有些鮮花和供品，這是我上次來沒有注意的，我完全不知道這尊神像就是以延續子孫神蹟聞名，網路也沒有太多的著墨，上一次，我真的循著「被暗示」的力量找到，像是眼睛被矇起來的捉迷藏，然後得帶到目的地。這太玄，必須拜！多年後的今天，雙胞胎已經長大，男帥女美，青春無敵的背後，不知道他們知道神明聽得懂法文這事？

另一次被無形力量鎮住的神學課，還有一位自稱能和上帝溝通的法國人，他也是讓我開啟寫部落格的開山始祖，因為不得不信的力量，比千錘百鍊的真理，更讓人敬畏。

那年我隻身去巴黎旅行，在好友Ken的安排下認識了一個法國佬。Ken是個在紐約和巴黎都生活超過十年的奇人，也是台灣講述沙發客文化的第一人（就是把自己家裡沙發讓出來，免費給全世界的遊客居住，交友廣闊），所以在Ken身邊的人，也都是各種不可思議的奇人異事。我們認識這位自稱能和上帝溝通的法國佬叫尼古拉，是個大光頭，眼睛大得跟貢丸一樣的那種大，炯炯有神，但迎面走來時，還是會被那雙眼所震懾。尼古拉說，他能和上帝溝通，你們一人可以問我一個問題。我們做劇場的就是激不得，遇到如此猖狂的傲語，是一定要挑戰一下的，於是我問：「幫我問一下上帝，為何我沒有另外一半?!」

儘管同桌的朋友都笑了，但尼古拉卻嚴肅又突然半閉那貢丸大的眼睛，像是翻白眼似的開始快速眨動。我們被他突如其來的行為嚇了一跳，因為眨眼的速度很像痙攣或抽搐，感覺下一拍就要口吐白沫了。我看著他的舉頭三尺，搭配著他亮如打蠟的光頭，戲謔的跟朋友說：「哇～～所以上帝是說法文誒！」

尼古拉並沒有被我們嬉鬧的笑聲干擾，恢復眼神（不然真的太像發癲）後，他說：「Mark，上帝說可能是因為你的穿著。」

他很冷靜的說出這個令我不冷靜的答案！

我穿著怎麼了？對，可能因為我色盲的關係，我的配色和大家不太一樣，但這哪是評斷一個人的標準？我又氣又好笑的反駁著。

尼古拉又說：「上帝說不是你的配色問題，是你顏色太多，把你真正的內心蒙蔽了，外人看到你像紅綠燈或聖誕樹，會被這樣的形象矇騙，因為你內心不是這樣彩色的人」。

我不得不佩服，這句話把我震懾住了！我的笑容，從有點戲謔的生氣，到嚴肅的想知道答案，因為我的內心，真的不是這樣彩色，底層有很多的恐懼和匱乏，是我當時不敢承認的。

尼古拉又補充：「我只是傳遞上帝給我的訊息，這不是我的意見，我說你們可以問我問題，但不表示這是我的立場。」

好一個以退為進的說話技巧，但我知道，他身上的確有些能力，是我們看不見的。跟他一次吃飯的緣分結束後，我回到了台灣，一直把這樣的警惕（上帝的話？）放在心中，原來太多的色彩，是掩蓋了我的真心，根本討不了別人的歡心。我開始寫部落格，訓練自己的文字能力，整理自己真正的思緒，而不是譁眾取寵，一味的想在團體裡刷存在感。

隔了一個月，我終於遇到了一個約會的對象，對方說我的穿著很可愛，很有氣質。我回想了當時的服裝，我剛參加一個朋友的悲傷告別式，穿的是全黑，告別式又是早上，蓬頭垢面，臉也沒整理，然後對方說我很可愛?!我第一時間想到「上帝」的戒律，祂說：「把顏色拿掉，把自己展現！」

參加完告別式的全黑服，大勝精心打扮的色彩服，這樣被上帝說中的機率，有多小？

多年後，我從Ken那打聽尼古拉的消息，他說他失去跟上帝溝通的能力了，專心創作，甚至搬到了台灣，但我們一直沒碰到面。我一直很想謝謝他當時的提醒，不管是巧合或真的上帝神意，當面感謝還是要的，只是沒有智慧型手機的年代，找人實在不是這樣容易（更何況法國人手機都是當BB call使用，裝飾用……）。

在體力和經濟都比較好的那幾年，我每年都會去法國找Ken鬼混，除了買便宜機票之外，有地頭蛇帶隊遊巴黎還是很不一樣，就像月老廟求得姻緣後還願，就像雙林寺求得雙胞胎後謝願，因為尼古拉「上帝」的提醒，我一直未能遇上他，心裡卻一直思念著，欠人家的人情，必須還！

那年夏天，買了最便宜的機票在巴黎閒晃，正要前往龐畢度中心的馬路上，迎面走來了尼古拉！他的大光頭，他的貢丸眼睛，一樣沒變！

我尖叫了抓住他，他非常淡定，沒有太多的驚喜，我大叫說：「我正在想你，我要謝謝你對我的提醒，但我找不到你，但真的謝謝！」

尼古拉非常淡定的說：「我知道你在找我，所以我出現了。」

要說法國人浪漫？唬爛？還是上帝又發威了？偌大的巴黎，就這樣街頭巧遇，不用寫信，不用手機，甚至不用言語。

關於服裝配色這點，我不予置評，但上帝說不要用過多色彩遮蔽你真實內心的建議，這堂神學課我謹記在心！（雙手合十）

第六堂課教會我的事

把荒謬人事物當遊樂場旅程，經過，就好好體驗好好玩，如果每件事情都要追根究柢，那一定整死自己。

第七堂

公民與道德課

（一）傻白舔

每個人一生中，總有幾個傻白甜的朋友，事業上呼風喚雨，生活上獨立自主，但愛情上就是學齡前幼幼班，說了也不會聽，聽了也不會懂，懂了又不高興，就在愛情的公民課裡，一直挑戰我對道德的底線。我的好友周瑩，就是事業女強人又傻白甜的代表。

周瑩當然不是她的本名，而是我們喜歡喊她周瑩，緣起於二〇一七在大陸一部紅透半邊天的電視劇《那年花開月正圓》的女主角，當時是由一線女星孫儷主演，男主角是娶了女星陳妍希的台灣女婿：陳曉。

這部片，說了一個沒沒無名的女孩，靠著精靈、打拚、傻勁，變成陝西女首富的故事。事業成就像極了我好友隻身前往大陸打拚的辛酸史，唯一不同的是，電視劇中的周瑩在愛情上敢愛敢恨，而我的朋友周瑩，永遠是被占便宜的傻白甜，她對愛情最常說的就是：阿算了啦，就這樣吧。

有錢有勢的她，當然不乏約會對象，但多數人，圖的只是她的金錢，周瑩圖的，也不過是一個睡前的擁抱。

像電視劇描述的，我的傻白甜好友周瑩，也是靠成衣起家，早在二十年前多數年輕人還沉溺在小確幸的舒適圈時，她已經毅然決然離開台灣，在東莞做起了成衣生意；與其說成衣生意，不如說是代工盯工。因為當時龐大的大陸內需和便宜的工廠人力，台灣出走的一批「台商」，寄人籬下的幫大品牌加工，就把它想成是資訊產業中的富士康，而周瑩做的，是服裝界的富士康。

服裝界的富士康這個頭銜給周瑩聽到，她肯定不冷靜也不高興，我們互相熟識了二十多年，都知道這一路她是怎樣用生命和病痛換過來的果實。

不像現在經濟爆炸和起飛的大陸，二十年前的東莞工廠，完全不是她一個天龍國的傻白甜可以想像的，於是身體和心理各種的抗議，也在這十幾年一一算舊帳！

就我知道的，就有憂鬱症、躁鬱症、毒品上癮、酒精上癮、類風濕關節炎、甲狀腺亢進、自律神經失調、失眠困擾、B型肝炎……。每次跟她相處，就是一邊聊天一邊吃藥，然後一邊塗抹各種的中藥、名貴香水和痠痛貼布，遠遠就知道她出現了。所以當我們去她家游泳時，讚嘆豪宅的背後，總有多少傻白甜的心酸！

去她家游泳，對，您看到關鍵字了，她家，家本人，就有室內游泳池，很難想像吧……

社區泳池、大樓泳池、戶外泳池，都可以想像，但在自己的家裡面，蓋一個室內游泳池，還有私人BBQ區，光是維修和保養，就是天價，更不用說她一個傻白甜個性，把樓下也買了，把台灣親戚都接過來住。要在周瑩身邊，很難不被她的闊氣和大方影響，可能正因為我們是「一起苦過來」的兒時玩伴，總能說實話，公民與道德課的分寸拿捏得很好，才讓周瑩每次都說：

請讓我付錢，這是我唯一想到能對你們好的方式！

有好學生就有壞學生，公民與道德課，來了插班生，是個九〇後的可愛鮮肉。

我就暱稱他叫「一塊肉」吧。

戲稱他是「一塊肉」不是沒有道理的，他的外型，真的就是那種ＩＧ人見人愛的小天菜，皮膚光滑彈性，身材略略精壯，永遠都穿一件白色的襯衫或Ｔ恤，但隱約可以看到襯衫裡若隱若現的線條，更讓周瑩直接到達死穴和高潮的，是一塊肉的「台味」，一點點艋舺味加上笑起來有上弦月的瞇瞇眼，周瑩很快掉入傻白甜的「真愛」裡。

像我們這種閱人無數（？），二十幾歲就不知道睡去哪裡（？）的江湖老手，一看就知道這一塊肉，貪的就是周瑩的有錢有勢，但公民道德也有教我們，不能以貌取人，不能先入為主，不能因為二十出頭的鮮肉，遇上四十多歲的姊姊，就批判愛情的純度。畢竟永遠的瑪丹娜說過：熟女不要擔心交不到男友，因為你的男友還沒有出生！秉著西洋有娜姊、台灣有亞軒姊的精神鼓勵，我們也斷斷續續，勉強自己把「一塊肉」當成自己的朋友。

傻白甜錯誤的第一步，就是邀一塊肉男孩，去家裡游泳。

喔您別忘了，周瑩住大陸，小鮮肉住台灣，邀請飄洋過海只為了去游泳，不是一般人有的氣魄，至於誰付錢，我就不闡述了……

撇開俗氣的金錢衡量，愛情當然無法用年紀來度量。周瑩常說：我什麼都有了，就是沒有一段完整和轟烈的愛情！就算他圖我的錢，一頓飯，一張機票，能多少錢；而我圖他給我的戀愛感，有人道早安，有人分享美食，有人陪我靠腰，雙贏，有何不可？

乍聽，好像不無道理，又覺哪裡不對，於是這樣的「愛情」，持續了半年。

而辛辣又直接的我，問了關鍵盲點，你們，性生活美滿嗎？

果不其然，我聽到不想聽到的答案：「只有用手，最多口，沒有××。」好了，是傻白甜（舔）無誤，而膚淺的我，對這段愛情也不是歡喜，只是王菲說你快樂所以我快樂，身為好友的我們，也只能任由小鮮肉不斷「陪伴」著周瑩，而我知道，事情絕對不只是這樣。

小鮮肉在信義區租了一個貴森森的套房，真的很小，但圖的就是一開窗能看到一〇一美景，很有志氣的他說，總有一天，他不會再租套房，會買下一樣的地段，晉身信義區小白領，他租這樣貴但看得到一〇一的套房，就是來鼓勵自己，要把目光放遠，能力放大。聽起來很有志氣，但，金錢本身並不汙穢，汙穢的是你用什麼手段得到它！

小鮮肉露出馬腳的第一步，是想說服周瑩投資他在大陸設置公司，或是融資合作點啥。周瑩不愧是周瑩，儘管愛情上是傻白舔，事業判斷力還是有的。

周瑩要小鮮肉提出三年的公司營運計畫，說明為何我一個成衣工廠，要投資或贊助做大你的事業？很快的，墨水有幾分底就見真章，這塊貪婪事業的合作，很快也被其他合夥人擋下。

小鮮肉的工作在台灣就是時下流行的YouTuber，偶爾訪問賣賣文青，偶爾露露鮮肉接接業配，在〇〇後還沒成年的年代，九〇後的他是小有名氣，能自帶流量，也順帶捧紅自己。撇開我對他公民與道德課的評分，其實也算闖出一片天，如果他的心和人一樣正，未來應該也是能殺出一條新媒體、自媒體的康莊大道。

金錢本身不汙穢，汙穢的是手段。

壓倒最後一根稻草的（也再次證明我看人之準），是小鮮肉想買房了！

二〇二〇因為新冠病毒疫情，台灣在貸款利率上降了不少，年輕人只要有份工作，基本上貸款沒問題，事實也證明當時購屋量的確創高峰；萬事俱備，只欠東風，小鮮肉很快有了購屋的念頭，但，頭期款哪裡來？

動到了周瑩的頭上，終於開口，想跟周瑩「借」錢。

如果按照周瑩的個性和能力，她真的不缺這幾百萬，只能說還好兩人沒有性生活嗎？周瑩徹徹底底的看到狐狸的尾巴！

一段「愛情」，不居住在同一城市，只有網路互道早安，工作沒有交集，見面沒有性生活，小鮮肉使用自己的美色，開口向人借（要？）錢，因為他想買房子。多麼爛的故事大綱，不用編審，編劇自己都過不了關的爛故事，就這樣沒有羞恥心、沒有公民與道德的課，實實在在發生在我身邊。

誰沒有年輕過，在肉慾社會和外貿協會的網路下，誰多少都利用年輕的優勢，占了幾分便宜，只能奉勸小鮮肉們，不要花心思在騙取，花心思在充實，不然當你色衰肉垮，不但荷包不會越來越厚，ＩＧ也只會美肌越開越強。

也感謝小鮮肉，幫我和周瑩都上了一堂公民與道德課。

（二）#MeToo

二〇一七年紐約時報記者首度披露了影壇大亨哈維．溫斯坦（Harvey Weinstein）的性騷擾事件，頓時引起社會一片譴責和站出來的正義之聲，美國女演員和女歌手艾莉莎．米蘭諾（Alyssa Milano）隨後在推特使用了#MeToo的標籤，頓時也在各社交媒體迅速轉貼，有更多的女性朋友公開譴責各種性騷擾，並支持「我也是」行動，法國甚至有個更直接的說法，叫「#BalanceTonPorc」，如果直譯成中文，就叫：譴責你的色豬！而哈維．溫斯坦也在二〇二〇年正式入獄，餘生恐怕就在牢中度過，此行動算是有了最正義的圓滿結局。台灣，在知名紐姓導演的黑歷史被爆光之後，這議題才又被浮上檯面，叫好叫座的電影《無聲》更是勇敢拍出未成年孩童集體被侵犯的議題故事。然而#MeToo的故事，其實也一直出現在我公民與道德的課程之中，只是很多藝人敢怒不敢言，想言又怕被封殺，因為這的確就活生生的發生在我學生身上，而且，是男生對男生的#MeToo行為。

二〇一六年大陸曾有一線男星，公開譴責被電影高層領導上下其手，一夜之間關掉社交媒體，更傳言是被全面封殺，逐出演藝圈別想再混了！這類傳聞偶有聽之，只是這次惹到的領導和藝人本身都算大咖，有些人甚至有陰謀論宣傳之說，因為三年之後，這位小生不但沒有被封殺，反而比之前更火。是拿錢擺平？是逆向宣傳？是捲入沉淪？留給我們吃瓜民眾茶餘飯後的好說嘴，但這位領導隱晦的各種黑歷史和傳聞，也一夜炸開，巧的是，也炸到我學生了，而且不只一位。

我這兩位學生的共通點，都是顏值和外型爆表的小鮮肉，而且有一個通性，就是要「直男樣」。是不是直男不重要，但不能娘砲不能斯文，畢竟現在世代性別已不是選擇伴侶的第一考量，但鋼鐵直男的粗獷樣，一直深深被這位領導所喜愛著。台灣叫長官，大陸叫領導，既然是發生在大陸真實的公民與道德課，就稱他「海浪領導」吧！

海浪領導在一個吃飯的場合，認識（邂逅）了我的天菜模特兒，我就戲稱為小光，因為他的皮膚光滑的程度，是天生注定吃這行飯的。

小光就是頭小脖長、手指修長、肩平胸厚、臀翹肉鮮的那種比例完美的孩子，熱愛健身和打球，有著濃眉大眼和性感的菱角嘴，笑起來還是月亮瞇瞇眼的稚氣又兼具螢幕殺氣，除了天生好條件，本身也是藝術相關大學畢業，會畫畫的直男樣氣質，在圈子甚為獨特，很得觀眾的喜愛，不到十九歲青春正盛時，也很快被發掘，成為平面廣告御用模特兒。

只是他對演藝圈一直沒啥興趣，或說模特兒做膩了，一直想朝戲劇圈發展，經紀人把他推到了大陸，我也很快的被介紹在一個飯局裡認識。其實小光根本不需藉由我的人脈或介紹，他才來大陸三個月，已經有太多的廠商或業主，經由社交媒體找到他，要一起合作。當時大陸急缺小鮮肉，尤其是台灣來的鋼鐵嫩肉，跟當時一票都是營養不良走美型男的大陸鮮肉很不一樣，而海浪領導，也很快找上了小光，說要好好「聊一聊」。

那天已是深夜，小光突然致電給我，問我認不認識海浪領導，我說，不用我認識，你自己去查估狗或是百度，新聞很多。我問為何打聽他，他說：「因為現在我們在他家，他一直灌大家酒！」

我們？在家？灌酒？我第一時間就覺得這種局不妙，我問同行的有誰？他說都是某某某電影的高層、某某某製片、某某某經紀人，還有一些新人鮮肉，而且都是男性友人。小光一邊吃飯，一邊被灌酒，一邊偷偷用手機搜尋著海浪的負面消息，心裡越想越毛；他簡訊跟我說，如果他敢動手，我就他媽一拳揮過去！非常鋼鐵直男的做法……

而我則像是個雞婆的媽媽，在憂心自己的孩子被欺負，又不想落入社會版或撕破臉的下場，努力想著脫身的機會。唯一慶幸的，他沒有被下藥或迷姦，因為這種醜聞，不只發生在台灣李宗瑞身上，大陸一堆騙財騙色的，沒有少聽過。我很快的知道，是必須全身而退的時候了，我傳了簡訊給小光，我說：「你現在開始裝醉，說自己身體不舒服。」

辦過 party 的主人就知道，如果有人喝酒醉鬧事，或是身體不舒服，一定最掃主人的興致，但為了顧全大局，又不能趕客人離場，最好的解套，莫過於喝醉的客人，自己識趣的回家，要吐要暈，自己回家吐。我跟小光說，現在開始叫車，然後趁亂離去。是不是喝醉的人都受過一點表演訓練？或能借酒壯膽催情？小光先跟海浪領導表示時間不早了，肚子不舒服，趁自己有意識的時候，必須趕緊回去休息，這理由算是合理又不傷和氣的做法；當然領導立刻要求那可以就在這邊過夜啊，小光則用明早還有工作、必須回家準備當理由搪塞。跳上車，小光也立刻跟我報平安，當然他也很識相的跟海浪領導報了平安。不管雙方知不知道是裝瘋還是賣醉，但至少兩邊不得罪，也清楚讓海浪知道，我是潔身自愛、不搞潛規則那套的演員。公民與道德圓滿下課，人財均安！

之後，小光也夠有膽，直接問公司其他高層，海浪領導是不是會潛規則演員？答案統一被模糊應付。我只能說，一個願打一個願挨，有些人真不覺得這有啥，有些人把自己原則把持好，有些人則是，不但失了身，也沒任何工作機會，更成了飯後笑柄，這其中拿捏，各自心中一把尺，#MeToo，也是個人選擇。

第二位鮮肉學生，也是真實案例，人很幽默，更像生鮮市場出來，海外即送、貨到付款的概念。我暱稱他皮皮，因為個性憨直搞笑，之前又在大陸拍了類同志短片，很快的也被海浪領導物色上，說要合作拍片，親自面談。

皮皮相對於小光，外型上更粗獷一點，畢竟從小就是運動健將，毛髮旺盛，黝黑和健康的膚色，完全就是海浪的菜！疫情前，或說綠黨上任前，台灣演員在大陸還是挺有優勢的，除了吃苦耐勞又專業，軟密斯文的台灣腔，也深得陸哥陸妹們的喜愛，覺得台灣人很有禮貌，都不生氣，而且很愛乾淨；不論這是不是假象，現在因為政治和疫情的敏感，幾乎劇組都不用台灣演員了，說是麻煩，一有任何政治操弄，全劇組停拍的消息屢出不窮。台灣人的優勢，從專業吃苦耐勞，到現在專業而且便宜，台勞型演員，在大陸多得是！

皮皮在戲劇的掌控上來得比小光出色，海浪領導畢竟大風大浪，哪種演員沒見過，但這樣二十歲憨直台灣人、又有戲劇基礎、又懂禮貌的孩子，是一定要親自召見的。

其實他出手也夠大方。通常台灣演員試戲或甄選，多是自掏腰包或是線上訪談，如果有進一步合作或是拿到合約（簽約金）了，才有可能進一步見面；海浪領導出手闊綽，展開海外點菜概念，透過了某經紀人牽線，直接付了機票，讓皮皮飛北京一趟，沒有實質的合作，只是想見他一面。皮皮傻呼呼的，初生之犢不畏虎的他，就這樣飛了過去，還笑笑跟我說，「看，我要去賣屁股了！」唉，多傻多天真！似乎直男對於這種身體的保護，警戒心薄弱了許多，而利用這樣薄弱警戒心不擇手段達到私人獸慾的，我相信檯面下更多。

一個二十歲的孩子，如何把持公民與道德，不在物質社會中迷失，真的是學問。

很沒有創意的，海浪約的，一樣是「到他家喝酒」……

在北京寸土寸金的天皇腳下，能在四環內擁有一間超過百坪的豪宅，手上又有演藝圈極強的人脈和關係，海浪本人也是個斯文好看的男子，卻只偏愛鋼鐵直男，這樣，算是愛情宿命嗎？

擁抱親吻，算不算#MeToo？

對於北方文化，真是個很好的課題！

你知道在東北，男人和男人第一次見面，表示友好的方式，常常是相約去澡堂，大家坦誠相對，一切好談！

想想如果在台灣，一位導演約了演員第一次見面，就約去脫光光洗三溫暖，這樣的局是不是很怪？

如果又遇上覺得「反正都是男的，你有的我都有」的鋼鐵直男想法，喝酒，擁抱，牽手，親臉頰，好像一切都變得正常了。就像我當初住韓國一樣，常在酒過三巡的酒吧外面，看到多少男子英雄惜英雄的牽起手來，在街上大聊心事，如果沒有喝醉，還真是像極了愛情！那回到海浪家，如果用北方文化邀請皮皮，一起洗澡，一起喝酒，一起談心事，一起牽手擁抱，這，是#MeToo嗎？

你不介意，但海浪的企圖我們都知道，他不就得逞了？你介意，又顯得台灣人娘砲不懂入境隨俗，外加得罪長輩？而這種狀況，在海浪試圖想有下一步時，皮皮終於發現不對勁了。

很多書上說#MeToo的心中那把尺，在於當事人是否覺得得寸進尺。

我覺得除了這些，還有眼神下的慾望！

皮皮發現擁抱的次數、擁抱的長度、擁抱的眼神，都已經從北方澡堂坦誠相對的禮數，到了慾望增長得寸進尺的套路，他知道，是該拒絕的時候了。

皮皮把海浪的擁抱撥開，很清楚的告知自己不會，也不願接受這樣的暗示。跟小光不一樣的，他沒有裝醉，也沒有身體不舒服，選擇的是直接的拒絕。

我從小到大只有經歷一次性騷擾，是在我個人前往荷蘭阿姆斯特丹旅遊時，一位老先生在我面前直接把褲子脫下，露出下體打X槍給我看！我也不知哪來的淡定和冷靜，就無感的看著這隻荷蘭大鳥，然後說：So? 荷蘭大鳥清楚的接受到我的拒絕和無感，就慢慢縮成荷蘭小鳥，然後消失在運河的另一端。

我想皮皮拿出的攻勢，類似我對付荷蘭大叔的一樣吧？沒興趣，慢走，不送！

兩堂公民與道德的課，想對小光和皮皮動手的人一樣，兩人卻有不同的處理方式，前者是以退為進，後者是以進為退！前者裝醉裝身體不舒服，因為他知道要全身而退，而且有一個更重要的原因，是前者跟海浪還有工作上的往來；後者選擇我不要總可以了吧？但清楚的表態不讓惡狼撲羊，因為妥協，就表示會有下一次，可能這就是為何性侵者容易是慣犯，如果你第一時間沒有挺身而出的話。

現在小光和皮皮都慢慢有作品上架，前者在大陸，後者在台灣，不管喜歡他們的粉絲是不是同志，但我最驕傲的是他們沒有利用同志領導對他們的喜歡，當作出賣身體或交換利益的手段，海浪領導依然在大陸市場頂天立地，身邊依然一大票鮮肉圍繞，依然資金龐大能捧紅一個一個明星，你問我演藝圈真的有潛規則嗎？我反而要問你：你覺得「#MeToo 的定義」是什麼？

台灣有因為指交而訴訟的導演，美國有因為性交而入獄的製片，我想，台灣一定也有一堆醉翁之意不在酒的泡澡文化和擁抱親吻吧。

（三）在路上了

台北藝術大學，是從「國立藝術學院」更名而來的，在「學院」的年代，我們是念五年的，而且儘管念的是戲劇系表演組，但一樣要選修服裝、舞台、燈光等技術類的幕後課程，對於成就一個專業的劇場人，這種訓練是很重要的。現在的北藝大，甚至多設立了「劇場設計系」，把幕後的課程獨立出來，也造就更多專業的幕後人才，我覺得是很正確的決定。

在我們還是念五年的年代，也不少學長姊會「雙修」，除了表演專長之外，把硬底子的幕後技術練起來，以備不時之需。當初我主修老師是羅北安，北安老師剛從美國念書回來，第一年就遇到我們，新官上任最熱血的年代，很幸運的我們被他指導，除了有深厚革命情感之外，也開拓對音樂劇有不同的視野，因為那時的台灣，是沒有音樂劇訓練的。

說來也巧，我們班正好就出了一堆鐵喉鐵肺能唱能跳的同學，於是如魚得水般的，有了快樂的五年大學生活。我沒有那幸運，儘管出生台東，從小跟原住民朋友長大，但似乎沒有接手到他們的好歌喉，所以除了表演之外，我也想要雙修，多個幕後的技能，我第一個想到的是服裝主修。

進服裝間縫縫補補、為人作嫁的時光（就是好多人動手，完成一件漂亮的衣服，幫主角加分），倒也沒有不開心，但似乎當時有舞台夢的我，更像想穿上美麗衣服，享受掌聲的年紀，於是服裝課就單純變成了我的選修，我再把腦子動到了舞台組。

舞台設計，也是劇場魔術的一部分，好的設計，真的可以幫演員和劇本加很多分，甚至彌補導演手法不流暢的破洞，靠著換景的虛實，提供更多劇本的想像空間。舞台組也要兼做道具，彩繪、假山假水……等的部分，簡直就是在舞台上蓋起了房子，挺有吸引力。只是，儘管我出生台東，從小跟豪邁原住民朋友長大，但似乎也沒有接手他們的力大如牛，從小就手無縛雞之力又體弱多病，小道具可能都搬不動了，更不用說大如山的景片或布幕；還有彩繪時的塵蟎，又常引發我蕁麻疹的過敏原，舞台組選項又自動跳過，眼看，只剩燈光組了。

很多修行的人都說，光，是宇宙一切的源頭，一切聖靈的答案，不管你是宗教哪個派別，對於光的詮釋，多是神祕而浪漫的，佛教甚至清楚說到，人死的那刻，要循著觀世音或佛祖的光走，才不會迷失和害怕，然後安詳的投胎。燈光組，似乎成了我第二主修的不二選擇，因為浮誇的我，總喜歡這種有寓意的解釋，明明是舞台的照明燈，卻因為渲染和乾冰的效果，也可想像成投胎或是與人為善的詮釋，於是開始打聽了學校燈光老師的第一把交椅，所有學長姊的回答都一樣，L老師，品味和創造力都是水準之上，只是，時間觀念，要有心理準備。

我當時還不懂，啥叫「遲到」，因為在我的字典裡，沒有「遲到」二字，我在江湖工作超過二十五年，從未遲到過，沒想到學長姊對我說，L老師的字典裡，沒有準時這兩個字！

其實我懵了。準時，我曾經以為天經地義和最基本的尊重，在一個大師的字典裡，卻是微不足道，甚至不覺得有錯，這真的挑戰了從小我們公民與道德課的界線，本篇也冒著惹怒老師的下場，中肯的說出我無法理解的「遲到」這堂課。

通勤交通的塞車或晚出門，大家多少都遇過，而且住越近越容易遲到，因為你一定認為自己會準時，但偶一為之，或是時間抓不準，十分鐘以內，都算是合情合理。但L老師除了永遠不合情合理之外，還會犯一個公民與道德的大忌：說謊！都已經遲到了不說，打電話催促的同時，最常說的就是：「在路上了！」而且口氣還不好，一次兩次之後，學弟妹也習慣了這種局，跟老師的會議，基本上延後兩小時起跳，就是要大家等，下午的會議，大家等到晚上才開始，到底在什麼路上，要遲到一個下午，是投胎的黃泉路塞車嗎？還是接了電話又回籠覺？這是我在學校求學五年，最不能理解，也不能諒解的行為；儘管L老師的品味、人脈、地位，在社會上都是佼佼者，但我就是不理解，他把沒遲到等他的人放在哪裡？以及為何還能在江湖做事？

左手拿著粉筆，大肆張揚學校教育劇場的美好，告訴我們外面的江湖險惡，要珍惜學校教育；右手拿著手機，看到大家督促你開會遲到了，卻幾句打發學生，然後說在路上了，這樣的學校和江湖的課，我都讀不懂，也看不過，當然，我再也沒有選修這位老師的任何課。更讓人看不懂的是，為何大家容忍這種狀況一再而再發生，只要是北藝大畢業學生，你可以打聽，誰是最愛遲到的燈光老師，答案自然呼之欲出，我只能說：「謝謝，不聯絡。」

三年前一個緣分，我接觸到影響我很深的一位通靈老師，我們都尊稱祂是小太子，沒有上身之前，祂就是個美如仙女的她，一上身後，動作、語言、神韻就會變成孩子。當時我是因為感情的挫敗去拜訪祂，沒想到小太子一見到我就說出我此生的功課：人不要太龜毛！祂直言我對很多事都太吹毛求疵，應該對人事物都放寬一點，我第一就聯想到遲到這事，但我真的過不了關，尤其L老師還說謊，身為人師，更是無法原諒！小太子對我的提醒，我只能轉作對其他工作不要如此追求完美，鬆心，更是一種安心吧。

我自己當導演的時候，有很多處理遲到的方式，最簡單的就是罰款政策。我在合約上都會明確記載，遲到十分鐘之後，一分鐘十塊，我覺得除了對自我的警惕，也是對演員的尊重，憑什麼大家就準時的等你遲到。而且遲到的人有兩種：一種充滿歉意後默默加入排練隊伍，這種尚可原諒；另一種先發制人，自己還氣嘟嘟的擺張臭臉，這就是台語說的「丟臉轉生氣」吧！

而我自己當演員時，除了遇過這兩種，也遇過無法接受的劇場文化，就是遲到沒有歉意，還要所有人伺候，幫忙找停車位；不但遲到還要為他準備餐點、大家陪聊天，然後又是夜排到半夜，這種燃燒劇場熱情的公民與道德課，我真的無法認同，後來也避免跟這種團合作。這跟小太子說的龜毛，我想應該是兩件事吧……

俄國戲劇大師史坦尼斯拉夫斯基說過：沒有小角色，只有小演員！不要因為你在劇中擔任角色的大小，而影響了你信諾一個劇場的精神。所有的演員也都是從小演員做起，排練場上一視同仁，對於不尊重時間的前輩，我選擇離開，或是勇敢發聲。時間和尊重都是相對論，對時間的準時，得到對等的尊重，這才是一個健全的劇組。

既然都得罪L老師了，既然江湖教會我看清學校，也一併得罪另一個L哥吧。

L哥是台灣資深一線男主角，五次金鐘獎提名，五次海內外得獎紀錄，活躍於影視和舞台劇，我很「榮幸」的在劇場有了跟他合作的機會。我擔任導演助理，他，當然是第一男主角，是一個台詞量爆多、演員爆少的劇本，對於年紀和時間的現實因素，的確他的壓力也頗大。美其名身為「導演助理」，其實就是啥都做的小弟，但對於剛大學畢業的我，很願意接受挑戰，況且當時待的劇團出手闊綽，從不虧待我，我就像小影迷一樣，等待這位L天王的到來。第一天就是震撼彈，因為觸了我「龜毛」的地雷，他遲到了，而且也是很沒創意的說在路上了，一來就氣嘟嘟，先開罵，罵的是交通堵塞。

我當時二十六歲，住蘆洲，天天騎來回四十多公里的摩托車，腳下還載一堆道具，還要負責訂所有人便當，但從不遲到！L哥的家，離排練場走路頂多就半小時，摩托車十分鐘以內，您跟我說交通堵塞，我不解，心想，應該有啥事耽擱了，畢竟有妻有孩，家中總有個丟三落四的瑣事。沒想到，就因為幾次的鬆懈，排練場沒有一開始就說明遊戲規則，「在路上了」已成為我最常聽的「謊言」內容，電話打到我都不好意思，有時還被拒接電話，天王L哥，還秉持永遠在路上的精神，把這堂學校沒教的課，延伸到了吐痰的習慣。

醫學有報導，人到了一定年紀，喉頭的肌肉會鬆弛，口水無法正常分泌，有時會卡唾液在肺部，於是會有老人痰的症狀，不能怪他們，因為必須要「清出」，否則氣卡到了更不好。這點的醫學根據不論真假，我倒也能同理心幾分，畢竟自己未來也會到清老人痰的年紀，對於L哥「整理自己唾液」的習慣，我也就催眠自己的聽覺和視覺，直到他進劇場之後，我發現他會吐在後台邊，對，就是不在垃圾桶的那種後台邊。

導演助理，在進劇場之後，我就自動變成全方位的排練助理、小道具管理，還有叮嚀演員上下場的小天使，畢竟全劇應該就我最熟走位，導演顧台前，我顧台後，天經地義。進劇場通常是演出前一週，大家會到正式的表演場地，適應實際舞台大小，有服裝快換的，也是進劇場的重點彩排，如果時間來不及，就會在左右舞台的邊上，設置一個演員的快換區，在小小的空間，爭取大大的效率；也因為進劇場了，所有部門都專心的工作著，我們也就習慣降低音量，有事用對講機溝通，把舞台留給真正需要工作的部門（例如調燈，例如練習快速的換景），而我們的安靜，就把L哥的吐痰聲給放大了。

「卡～～呸！」的一聲，實在不好聽，重點是，有準備音「卡～～」完之後，才是「呸！」，這中間，你要習慣，而且要閃躲。

我餘光瞄到，對於「卡～～呸！」吐痰音的反感，不只是我，演員把求助的眼光投向了我，因為快換的因素，女演員必須光腳後更衣，然後穿回戲鞋，但在卡呸的同時，痰本人消失於後台的某處，直到女演員踩到L哥的痰，板著臉跟我抗議，要我跟L哥反應，可否不要亂吐痰。

當時我二十六，學校並沒有教我，如何有禮貌的跟男主角說：

「抱歉，請您不要遲到，因為大家都在等您！」

「抱歉，請不要吐痰，因為女主角踩到您的痰了！」

學校啊學校，為何江湖上遇到的和您教的，都是兩碼事呢？

我冷靜的思考了一下，遲到，我勉強厚著臉皮提醒，但吐痰一事，如果L哥真的是喉嚨肌肉有問題呢？如果不吐出他就要被一口氣噎死呢？我實在開不了口，於是我心機很重的，決定在後台的各處，擺上各類大小，除非你瞎了不然一定看得見的各類衛生紙，希望在L哥的發聲練習「卡～～」還沒到「呸！」的空檔，能隨手一抓面紙，至少，吐在紙上。經過幾次的實驗，我發現，我多想了……

就像狐臭的人，不會知道自己狐臭一樣；

亂吐痰的人，也不覺得這樣動作，有多麼的噁心。

戲還是要演，女主角踩到痰的機率，就跟塞車但一直遇到紅燈的莫非定律一樣高，我決定採取另一個更卑微的戰術——去接痰！

畢竟L哥是劇場深厚底子，清理丹田的唾液到直接吐出來，有段時間差，簡單來說就是在「卡～～」和「呸！」的這個時間差，我用飛快的腳步，厚著臉皮把面紙健步遞給L哥，這是我能想到最下賤但實際的方法了。

不能直接點破，只好默默承受。效果看似不錯，在「卡～～」之後，我成功的卡到了位子，接到了「呸！」，女主角再也沒有踩到痰，因為，他「呸！」到我的手上了，不偏不倚！

一直到現在，我還是相信L哥是喉嚨肌肉因為年紀退化了，絕對不是要欺負一個剛畢業的大學生，故意把痰吐在我的手上，這不合理，更不合情。

我到現在也一直相信，L老師的遲到，真的是「在路上了～～」，只是在情路？還是三個紅綠燈的路？還是黃泉路？我就不得而知了，我只知道，我永遠不會尊敬這樣的長輩，儘管小太子吩咐我不要太龜毛。

第七堂課教會我的事

尊重是相對論，跟年紀和輩分，都無關。

第八堂

表演藝術課

（一）陰溼路

不知道從何時開始，我周邊的朋友突然一片考教師證熱潮，好像是國高中（還是大學之類？）多了表演藝術科，而原本在學校相安無事的老師們，突然被賦予要「增加藝術氣息」的使命，當時記得我還在師大推廣部授課，有一段時間突然湧入「老師級」學生，想搞懂我們藝術在教啥。

而藝術大學的校友，考上教師證之後，指導表演藝術科，好像就顯得理所當然，一夜之間，台灣變得有藝術氣質了。

只是學表演都知道，藝術養成絕不是一門可以急就章的課，老師提供的，也只是你對表演藝術的興趣，而把興趣當成工作，又是人生一個重大決定，所以表演藝術科熱潮的同時，也面臨老師到底要教啥的困境。

教表演，學生未來又不是要當演員；教劇本，學生未來也不是要當編劇，根據我在師大推廣部五年的經驗，我希望我傳授的是一種「獨立思考的能力」。

透過藝術，你會知道事情永遠不止一個面向；透過劇本，你會窺見，或創造另一個思維的世界。而為何我沒去「正統」學校教書呢？理由很簡單，一是討厭念書，二是錢太少。

教授表演藝術科，就從來沒在我的人生選單之一；但分享表演藝術課，聊聊偶像明星背後的趣事，還是很多的！

這篇聊的偶像明星，絕對是席捲華人，甚至亞洲圈的不敗女神，出道已近五十年，全球以她命名的周邊產品或是廣告代言，從來沒有消退過。

她有獨特的行走方式和打招呼方式，動作、角度、微笑、身態，都必須經過經紀公司的嚴格訓練，絕對不能有個人情緒，或是多加的無謂情懷；她熱愛社會公益，也懂得商業包裝，光亞洲區的偶像產值早已無法估計。出生於一九七四年十一月一日的她，偶像影響力還是居於不敗之地，那就是全球家喻戶曉，已經是日本第二代名詞的巨星：

Hello Kitty!

看到這，讀者也許很想呼我一巴掌，但我要說的是，如果我沒有親身經歷過 Kitty 的魅力，我真的無法置信，在孩子們的心中，她，真的就是人！

一個活生生的偶像，有人物個性、懂你的心、療癒、說話，儘管她沒有嘴巴；根據設計師（或官方）解釋，他們希望所有人看到 Hello Kitty，不會被她先入為主的表情所制約，而是把你的情感投注在她身上，於是無需太多語言，但得到療癒和溝通的目的，非常藝術，也非常浪漫。

時間回到二〇〇五年……

我當時真希望 Hello Kitty 有嘴巴，因為我必須和她溝通；

我希望她沒有耳朵，因為我應該是全世界唯一飆 Hello Kitty 髒話的人吧……

二〇〇五年台南的「世界糖果文化節」，是我認為少數地方特色和「把文創變成商機」，合作最成功的案例之一。（雖然之後有報導政治角力和金錢流向不明的負面新聞，就不在我討論範圍……）

台南愛吃甜，會製糖，是全台灣都知道的事實，的確也為當時的台灣帶來無數的就業商機。就在台南縣，有個廢棄的工廠，在日據時代是製糖的場域，台灣時代叫佳里糖廠，日據時代叫蕭壠糖廠，二〇〇三年，台南縣政府就開始整頓這一片廢棄的倉庫，兩年之後，結合台南製糖、喜吃糖，也是糖文化的背景，搞了一個「世界糖果文化節」，而核心目標是希望建造兒童科學教育館，讓偏鄉的孩子不要輸在起跑點，要跟世界接軌！

說實話，這文案，太精彩了！既有地方特色，又有國際觀，而統一企業，很自然的成為該活動的贊助廠商之一，因為統一也是起源於台南，發光於台灣。全世界外國人都知道，一家7-ELEVEN，就可以打趴歐洲所有便利店，你幾乎可以在那裡處理所有的生活雜事。孕育而生的「世界糖果文化節」，當然請到的也是統一集團的超級紅牌，Hello Kitty，成為該年的偶像代言人。活動總規劃，請來著名導演吳念真先生當總策劃，執行單位是台灣知名紙風車劇團，也是我的啟蒙劇團之一，而我，受邀成了當年活動的總主持人。

當年所謂的「主持人」，不是在室內穿得美美，像是電視主播的那種主持人，而是從記者會主持、每天好幾場的主持、各種政府官員來「關心站台」的主持、明星藝人來出外景，我要去串場的「主持」，全！包！

整整兩個月的時間，橫跨台灣農曆年，沒有休息的站在台上的那種主持。

幾百場下來，我已經可以練就對著空氣互動、對著大樹甜笑的那種主持。非常感謝紙風車劇團一夕之間把我主持功力推到極致，隨時可以開始，隨時可以結束的主持。如此盛大的活動，光代言人是 **Hello Kitty** 消息一出，票房就一路長紅！不說該年結算的利潤，光第二年，台南縣政府還願意斥資一億兩千萬再辦第二屆，就知道我們首屆的利潤，讓台南長官們，不用吃糖也甜甜的笑著入夢吧！（數字都是新聞寫的，不是我掰的，也不要告我。）

儘管一開賣票房就有好數字，但該有的面子裡子金子銀子媒體曝光，一樣都不能少，我已經穿成一根棒棒糖的樣子（對，就整隻是一根大棒棒糖，我的臉只有從一個洞裡面冒出，全身都被包起來的棒棒糖裝扮）；

我一手主持棒，一手滿滿的小抄（有主持過現場活動的朋友都知道，隨時會有人通報你誰突然要來、誰突然不能來、誰要先來、誰不能在誰後面來），我很熟悉的開場介紹完嘉賓，基本上全場觀眾已經滿了，不是我主持功力一流，是大家都在等Kitty，現場早已人心沸騰。說實話，我本身不是Kitty迷，但只要你小小互動問觀眾：「你們今天來看誰？」全場說出「Hello Kitty!!!」時，內心還是挺激動的！

尤其當時的台南縣，根本沒有操作過如此大的活動，周邊城市的家長都慕名而來，看看這位不敗的經典偶像。我非常流暢地順著這波尖叫熱潮，準備千呼萬喚叫出Kitty了，這也是世界上僅有，我能和她同框同台的歷史鏡頭，說什麼也要沾光一下。Hello Kitty 登場，除了肢體動作，角色設定也是非常嚴格：她不能和任何不是三麗鷗家族的偶同台，例如沒有角色的阿狗阿貓或各種人偶，或是像我這種男不男女不女的「棒棒糖」，全部都要閃到一邊去！非常嚴格，也非常可以理解。

此時，我突然瞟到當時最辛苦的紙風車任建誠團長，給我了一個眼色，而總導演之一的阿嬤姊，也傳了一張紙條給我，上面清楚寫著：Hello Kitty 大塞車，撐一下！

我很鎮定的點了頭（其實就是很大一根棒棒糖點頭），好，ＯＫ，我撐時間。

感謝大學時期在電影頻道主持好幾年的節目，什麼不會，講廢話最會了，我開始了拉低賽，講廢話的等待 Hello Kitty 墊檔時間……

我想，這就是表演藝術科老師不會教，但真真實實發生在我們身上的。

台下除了滿滿觀眾，還有當時的台南縣長、一堆政府官員、一堆慌張的紙風車同事們……

墊檔時間最好用的，就是「互動」。

問大家從哪來？然後比比哪個城市的尖叫聲最熱情？

現場有沒有比台南更遠的？？有？？好，你從哪裡？台中？好，台中的朋友尖叫聲我聽一下～～

現場有沒有比台中更遠的？？有？？好，你從哪裡？澎湖？好，澎湖的觀

眾尖叫聲我聽一下～～

現場有沒有比澎湖更遠的？？有？？非洲？？好，非洲的朋友尖叫聲我聽一下～～

然後觀眾就被逗樂了！這是表演藝術科在學校不會教的，這種虛無但無止盡的互動卻很重要，撐個十五分鐘沒有問題。

十五分鐘過去了，我的 Hello Kitty 還是沒有出現！

我依舊看到任團長不停的穿梭在政府官員中解釋；依舊看著團員和導演們不停的跟我使眼色說：再……撐一下……

你要知道，一場記者會頂多四十五鐘，遇到廢話，嗯……我是說……很喜愛「分享」的長官致詞，一小時算是緊繃了；而延誤了十五分鐘，所有媒體大哥，尤其是攝影師，早已放下機器，無奈／不解／甚至藐視的看著我這一大根的棒棒糖，有這麼想紅嗎？講一堆廢話！

比較沒有經驗的主持人，可能就會在台上直接跟觀眾抱歉，說 Hello Kitty 塞車了，請大家稍安勿躁。只是人很有趣，你請大家稍安勿躁，他們就越會躁；你當這事沒發生，一直互動，他們也不會察覺其實我在拖時間。

而且當時我有個固執的「劇場使命」，因為故事設定Hello Kitty就是住在這「甜蜜城堡」（我們的舞台就蓋成一個用糖果組起來的城堡，其實很美），所以不能存在Kitty「塞車」的謬論，她就住在城堡裡，沒有車！有車，也是馬車！必須夢幻，必須浪漫，這是我的奇怪但堅持的劇場使命。

思緒跳回到真實生活，塞車十五分鐘到半小時，其實很正常，回想當年糖果節被觀眾反應的，也很多是周邊交通並沒有完善，一下高速公路，就堵住！

而延誤的半小時，套用在記者會現場，那非常可怕了，一場四十五分鐘的記者會，如果遲到半小時，我要有多大的厚臉皮，才可以死撐在台上耗時間？接著，天空開始飄雨了……

活動是在過年前的假期，也就是我最懼怕的台灣陰濕季節。雖然是台南，但戶外活動人潮巨多，官員失去耐心，外面下著陰濕的雨，我內心可像陰屍路，每一步，都走得小心和恐懼。

我突然靈機一動，既然官員失去耐心，那我就開官員的玩笑，把一開始只是揮手致意，無法上台致詞的長官，好好再調侃（或是鼓勵）了一下，什麼遇水則發啦，天空下起甜甜的棉花糖雨絲啦，因為有某某的努力，創造了台南與世界接軌的廢話啦，全都用上了！觀眾有照顧到了，官員有照顧到了，活動主旨有照顧到了，不知道學校的表演藝術科有學這嗎？這才是精髓啊～～

我眼睛一瞥觀眾區，似乎有人在開道，一坨人被一坨人保護著，一坨人拿著一坨一坨的大包小包，從慌張的步伐，我判定應該是Hello Kitty的頭……

在此要跟三麗鷗抱歉，因為日本公司對於人物設定是非常嚴格的，他們要孩子們相信，Kitty就是一位「有血有肉的生命」，並不存在偶頭和偶身的問題，意思就是：偶身的裡面，就是凱蒂貓本人的裸體，不是任何人去扮演！

但我很抱歉，我不是孩子，我此時就是棒棒糖本人，我脫掉棒棒糖，就是個想賺錢的主持人，而在我用盡一生的愛看到大包小包終於出現時，我知道，那是Hello Kitty的頭……我終於可以迎接你們出來了！（說得好像在接生……）

但不是大包小包一進後台，就可以變裝成功的，後台的嚴謹、穿偶的機關，都是祕密，甚至操作過 Kitty 偶裝的人，也不能說她扮演過這隻偶，因為，Kitty 是人，有血有肉的生命，是無需穿偶的，她就是一位隨時完妝，永遠乾淨美麗的粉紅小泡泡。但抱歉，我此時的OS只有：

你她ㄇ的衣服給我換快一點！！我都撐了半小時了，我主持費並沒有增加！！

而且別忘了日本公司的規定，當偶像巨星出現時，我得想一個邏輯，把台上這些水果動物畜生類有的沒的，全部請下台，因為巨星不能跟任何偶像同台，包括我（因為我是棒棒糖）！

也是靈機一動的，我用「逐步唱名淘汰」法，要台上其他的偶裝人物消失，邏輯就是：

Hello Kitty 要準備一個驚喜大餐，獻給甜蜜城堡的居民（觀眾）！

但她需要很多人的幫忙，例如：誰誰誰，你去城堡裡幫Kitty揉麵團，於是誰誰誰就順理成章去後台了。這有兩個目的：一是讓不相關的偶裝人物先離場，二是必需空出側台上下樓梯的位子。如果我直接歡迎Kitty，全場上下台擠成一團，凱蒂貓絕對摔成吃屎貓，也沒有同台不同台的問題，因為大家都狗吃屎在台上了……

接著，那個誰誰誰，你去城堡裡幫Kitty準備甜點！

然後又一批演員順理成章離場，把舞台準備清空了，我也好巡視舞台是否有打滑的地方（其實也是給後台暗號和壓力，巨星要登場了）。

最後是自己呼叫自己，很愛演的說要去城堡幫Kitty準備餐具了！然後全場倒數計時，十九八七……三！二！一！！！

歡迎本屆代言巨星Hello Kitty！！

全場歡聲雷動，亮麗登場，觀眾完全沒意識等了快一個小時，劇團同仁鬆了口氣，而我，穿著很大一根棒棒的糖，直接到後台飆髒話！

%︿&*（）（*&︿%$%︿&*（此處消音）

你她ㄇ的出席這種活動是可以遲到嗎？！！

&*︿&*我撐一個小時你來撐撐看！

$%︿&*（），ㄍ！是不會前一天先到嗎？！

霹靂啪啦譙了一堆，據說，

我是首位對這些偶像巨星發飆罵髒話的人⋯⋯

後來三麗鷗公司的夥伴當然很抱歉，完全沒有料到從台南市到台南縣，加上塞車塞人，要足足耗掉這樣多時間。我也理解塞車的無奈，但也想就不能前一天先到場熟悉環境或過夜嗎？不管怎樣，記者會順利結束，糖果節順利開場，幾百場下來，台南縣長在外面逛街巧遇我，都直接叫我「棒棒糖」，而不是主持人，我也受邀繼續主持了第二年。

邊主持邊想台詞，邊救場邊互動，要照顧觀眾又不能得罪長官和媒體，在陰濕的「世界糖果文化節」記者會裡，學到了表演藝術課沒教我的，代言人大遲到心臟快跳出來的「陰屍路」……

（二）真假零負評女王

如果在搜尋引擎打上「零負評」，首先跳出來的就是全民皆知的人氣女星林依晨，她真的也撐得起這名號，從舞台劇、電視、電影、廣告……不管是哪個圈子，只要是合作過的師長夥伴，總對她稱讚不已！同樣媲美這名號的，還有絕世美人高智商林志玲，只是演技方面，的確林依晨超越太多，尤其前些年由金鐘編劇徐譽庭老師大賣神作《我可能不會愛你》，程又青這個深植人心的角色，幾乎道盡了所有大齡女子的喜怒哀樂，更將零負評女王事業推向另一高峰，亞洲版權不斷，大仁哥的好男人形象，已成為大家選好老公的標準和代名詞。

這就是表演藝術課神奇的魔力，一個「虛擬」的角色和劇本，可以「真實」的影響人之深，這個章節，說說兩位號稱所謂零負評女王的故事。

和林依晨接觸，是她拍完《惡作劇之吻》前後，這部改編日本漫畫的劇作，也一舉將鄭元暢捧上一線小生的位子，兩人討喜又親民的風格，也開創《流星花園》之後，偶像劇不再是美美帥帥說美麗詞藻的表演方式，自然、寫實，甚至打鬧戲謔的橋段，更被台灣觀眾喜愛，而此時的林依晨，早已在表演上有相當的水準，忙碌通告和拚命拍戲賺錢的時間都不夠用了，居然還願意上表演課?!

通常上表演課的學生可以分幾類：

一是完全沒基礎的普羅大眾，這些素人多是個性活潑，或是生性害羞的族群，想藉由表演練習的啟發和遊戲，打破自己的框架，讓自己更有自信或自在的在人前說話。這類學生偶有必須上台演講或常常必須對客戶做簡報的需求，於是在課程中我們就會加入語言表達和台風課程，而普羅大眾的反應通常也是最好掌控的，因為一次的破冰，多次的啟發，最後的表演小呈現，都有不錯的成果。因為學員們的確也透過群體關係的激盪，找到另一種互相學習和成長的管道，這類課程，收費也不會太貴，就是「賓主盡歡交朋友」的概念。

近年來很多企業也會把「表演藝術」放入職員受訓或團隊建設的課程，除了讓員工放鬆之外，也藉此認識其他部門，激盪不同的創意。

兩廳院一直都有「藝術宅急便」的講座，企業只要上去挑選喜好的內容，就可以派老師到公司免費演講，就像酒店叫小姐一樣（？），我跟兩廳院配合了好幾年，用互動輕鬆的方式，讓普羅大眾更親近藝術，當時也是點檯率最高的戰績，更是我愉快的工作經驗。

第二種就是藝人專屬的專業表演班，就像是「在職訓練」，參加的學員多是新人，而且即將有拍攝的任務。就像我之前帶的言承旭、周渝民、吳建豪，就是因為《流星花園》要開拍；或是彭于晏、藍正龍、許瑋甯、張鈞甯、霍建華，和去年大放光彩的陳昊森……等，都是這類學生。

這類學生基本上都是美女帥哥型，所以教學的第一任務，就是要「打破顏值」這關，將年輕貌美的老天賞飯吃放在腦後。我常說：真正魅力，是用表演把帥逼出來，而不是表演「我好帥」。耍帥當然也是一種魅力，但偶像影視壽命不長，因為觀眾喜新厭舊的速度實在太快了！

第三種就像林依晨這種「奇葩」的學生了！

在上課前已經是成熟藝人，知名度和作品經驗都已經有累積，卻永遠有好奇和上進心，想接觸新的老師。那年，經紀人小豫找上了我，因為當時小豫手上有一票鮮肉新人（就像我說的第二類學生），希望在真正打仗前，能夠先磨槍受訓一下，小豫說：「如果有空，依晨可能也會來。」

我第一時間還沒聽清楚，以為是哪位依小姐新人，反應過來之後才說：依晨？林依晨嗎？她當時都已經是如此成熟和經驗老到的一姊了，居然還願意來上課，我心想，應該也就是說說而已，以她當時的工作量，能來一次不錯了！上課的地點在牯嶺街小劇場，劇場人最愛的黑膠地板，一個陽光的午後，依晨真的出現了！

她很匆忙又低調的走進辦公室，一臉大濃妝，她小聲地說：「抱歉，之前有工作，來不及卸妝。」然後立刻加入我們。多麼貼心的孩子，不驚動大家，又快速進入狀況。通常第一堂上課之前，我總會用不同的問題，去刺激學員的想像力和誠實度，例如：你像哪種天氣？你像哪種房子？還有例如：你上一次大笑是何時？你上一次大哭是何時？

我接過答案看了一下這題，我問：你上次大哭是何時？依晨寫：「剛剛在計程車上！」天啊，我好感動。

因為這要無比的信任和誠實，對自己誠實，對學員和我的信任。業界比我資深或名氣大的明星導師一票撈不完，而我之前也沒和依晨有任何接觸，她可以如此的坦然面對我，還有一大票不熟的新人，這心理素質是要多健康和強大！我曾碰過一位模特兒想當演員，經紀公司將她安排和其他新人一起上課，第一堂課身上刺一堆，直接吐槽經紀人，指桑罵槐說：「可以安排一些有經驗的人一起上課嗎？」我婉轉的請她另請高明。時間實力證明一切，至今沒有任何好作品，一心想嫁入豪門，生了好幾個孩子但也未得到大家的認可。所以看到依晨這樣有地位又低姿態的藝人，難怪在演藝圈屹立不搖！

接著討論劇本時，我再次被依晨的筆記震撼，小小的A4劇本中，寫了滿滿的動機和角色功課，密密麻麻需要用老花眼鏡看那種！

表演課裡一直有一個中心思想：不管你是學習哪種派別、哪種技巧，「動機」，絕對是表演最重要的一環，沒有動機的表演，只是服務於情緒，一點都不真實，尤其電視劇又是跳拍，不像舞台劇可以醞釀，電視常常就是直接來！例如：哭，多數表演者專注於哭的本身，但都忘了這場戲的背後，你為何哭。動機，是影視表演中最重要，也最容易被忽略的環節。多數人就拿出螢光筆，把今天要拍的場次畫起來，其餘啥都不管，變成接詞的工具，所以台詞之上、之下、對手的台詞、舞台指示，一律不管！拍攝的現場，也很少有跟組的表演指導或一直有導演說戲，於是演員只能膚淺的表演情緒（例如：哭），但經過剪接，牛頭不接馬尾：情緒沒到卻哭得很慘，或情緒到了但無感情，都是陷阱。

我不知道依晨之前有無上任何表演課，或也是導演和自身的努力，她劇本的每句台詞，背後都寫著滿滿的動機和角色功課——你為何要說這句話，這句話說出來之後你對手的反應，或是這句話是否有幾種表現方式……，這種努力，我沒遇過幾個。

能當上零負評女王，我心服口服！

另一個零負評，不是演員，不在演藝圈，是商場某位女強人，有著連鎖便利商店的董娘太后。為何說她零負評，是行銷和公關團隊打造的，熱愛藝術、親民的女王，我就叫她富太太吧，畢竟，她啥都沒有，就是有錢……

富太太是含著金湯匙出生的女人，基本上沒上過班，就靠著老公在連鎖商店的打拚，出席各種政商名流界，人脈強大。在一次企業尾牙表演會上，富太太很主動的找上了當時我工作的劇團。說到錢她也算大方，常贊助劇團或購買票券看戲（或是為了節稅？），但這次的任務，她老大要自己當女主角，演的是「歐洲宮廷的貴族」。

電視和網路常常有一堆教人美妝或搭配衣服的節目，大陸也常戲稱「賣家秀和買家秀」的差別，意思就是，人家賣家模特兒啥比例，穿啥都好看；我們眼盲的買了它，怎麼穿都怪，還怪賣家品質不好，但明眼人都知道，不是衣服的問題，是人的問題！臉有沒有氣質，身材有沒有比例，是撐起衣服的最大原因，而不是價錢。

那連鎖便利商店的董娘富太太為何零負評，就是因為她熱愛藝術的「大手筆樂捐」吧！誰敢罵贊助廠商？但和林依晨小姐不同的是，她可一點都不謙虛，一點也不低調。

剛說了，在尾牙的場合，她的戲癮來了，想演一齣「宮廷劇」，就是說著怪里怪腔的文藝台詞，在台上穿起大蓬蓬裙、綁上束腰、擠出乳溝的那種宮廷文藝劇。排練第一天就很精彩，富太太來到了劇團的排練場，也是那種我們熟悉的黑膠地板排練場。林依晨一句話就可以贏得所有人愛戴，但富太太一句話就可以把大家惹怒，她一進教室就用她的娃娃和鴨子音大聲抱怨：

「你們排練場好髒好臭啊！可以先開好冷氣嗎？」

很臭？嗯……對吧；但那是因為排練場就是排練場啊……，大家是來排練的，不是來喝下午茶聊八卦的！

開好冷氣？嗯……就是說要先開到一個最舒適的溫度，然後再迎接太后的駕到，即便裡面沒人，但要開好冷氣……。富太太不容易，排練前一秒就把大家惹怒，跟公關公司試圖打造的「熱愛藝術的零負評事業強人」形象，差距甚遠。

一秒惹怒的還沒結束，接著，開始排戲了。

你知道，不懂演戲的人，似乎都覺得表演很容易，不就說說話，走走位，擺動一下身姿，有啥好難的？更不懂術業有專攻，表演要收取費用不是沒原因的。富太太現在終於知道了，看戲和演戲，完全是兩碼事，而且你選的，又是「歐洲宮廷貴族戲」，那可精彩了……

一走路，不會說話了！

一說話，不會走路了！

一轉身，裙襬打到人了！

一打到人，台詞就忘了！

一個吸氣，抱怨束腹太緊！

一照鏡子，抱怨妝畫太醜！

一對戲，責怪對手情緒不對！

情緒一不對，自己走位又忘了！

各種忘，各種彆扭，各種尷尬，一次滿足。

零負評事業女王，我看到的也是零智商、零情商，又趾高氣昂的可悲女人。

我們開始找各種讓她台詞量和走位降到最低的愚蠢演法，她就像是女王坐在C位，大家輪流上去跟她「對詞」，其實就是我們幫她把台詞說完。

例如原本女王的台詞是：

「喔～瞧瞧這今天的氣候，多麼心曠神怡，多麼秋高氣爽」，只能變成我們說：

「夫人，您不覺得今天的氣候，是多麼心曠神怡，多麼秋高氣爽嗎？」

然後她只要回答：「喔～是的～您說的沒錯～」

如此這般的智障演法，沒辦法，她是客戶，她是廠商，她是贊助商，當然，她是女主角，當然，整齣戲也難看得半死！

排練到中間，有一次也讓我更哭笑不得的，零負評女王跟服裝設計抱怨，說他準備的衣服，讓她看起來好胖！而我，斜眼看到了服裝老師的殺氣和無奈，因為，富太太女王身高不到一百六十公分，體重目測七十五公斤，是她自己要選擇宮廷劇的蓬蓬裙，而且還要束腹和擠奶，整個穿起來，就像被米其林耽誤的肉粽寶寶！喔對了，還忘了說，還要戴假髮！有審美眼光都知道，我們東方人五官扁平，戴上一頂大亮色的假髮，刷著長睫毛，能看嗎？還沒完，還有高跟鞋！穿高跟鞋膝蓋不打直，像極了駱駝！結論請自行拼湊，彩色大假髮、大濃妝、米其林肉粽寶寶、駱駝腳，這樣的演出，會好看才有鬼！

富太太一直抱怨各種服裝的不專業，我想服裝老師只想呼她一巴掌和送她一面鏡子說：你要不要看看自己長啥樣子？！！

但我們不行，因為她零負評，她是客戶，她是贊助商。

後來我們集思廣益，昧著良心說好話，誇她多有氣質或福氣之類等廢話，然後，給她一把大扇子，就是可以從臉到胸部都遮住那種大扇子，同時解決她手不知道往哪擺的尷尬，只要她忘詞或乾了，就一直坐著（不能站，因為站姿也醜），坐著跟大家對詞，以及我們發揮臨場反應，無止盡硬掰因為她忘詞的救場台詞。

終於，咬著牙，把難看的尾牙戲演完了，所有的光環和讚美聲都留給她，因為她是老闆娘，她是客戶，她是贊助商！

一堆「讚美」她美若天仙的話在謝幕時竄起，應該都是很怕被裁員的狗員工吧！還有人誇她身材很辣，可以拿奧斯卡獎了，可以演戲了，可以去劇團當女主角了……等，頓時，覺得心裡好惆悵，覺得表演好廉價，覺得錢拿得很賤。覺得巴結她、昧著良心稱讚她的，才是真正的好演員。

第二天，劇團收到富太太的感謝，說多麼感謝我們的專業和效率，希望有機會可以再合作，要演更完整的劇本，當然也要來客串一角！劇團只能已讀不回或尷尬又不失禮貌的微笑吧。

表演藝術課總是這樣，人前人後和你想的不一樣，在螢光幕前光鮮亮麗的林依晨和事業呼風喚雨的女強人富太太，都給人零負評的完美形象，但一位是謙虛又打開心胸低調的學習著，一位是趾高氣昂的批評，說我們又髒又臭的嘴臉。經過這次合作，我從此很少再走進這家連鎖商店，而他們的生意，也漸漸的蕭條和沒落，快變成市場淘汰的夕陽工業了。

（三）魔鬼場

舞台劇表演最迷人和最可怕之處，就是演出不能NG，所有的故事發展都像直播，而且沒有濾鏡或修圖，真實殘酷的暴露在觀眾面前。通常第二場演出在業界都是稱為魔鬼場，因為演員在第一場時，是最陌生和激發腎上腺素的，很多的導演可能都排到觀眾進場前還在修正，演員在特別謹慎的專注之下，首演都有一種奇妙興奮的化學變化；觀眾也是新鮮的，而且大多貴賓券都是首演送出，演出氣氛因為很多親朋好友捧場，回應的掌聲也是特別多，哭點和笑點也都特別低，是一種「賓主盡歡」的首演氛圍，所以才有第二場是魔鬼場的傳說。

演員還沉溺在首演的掌聲和歡愉、頭過身體過的鬆懈和誤判，很容易引起錯誤，例如在某處你抖了什麼包袱，講了什麼笑點，相較於排練場，首演觀眾有反應了，於是你會多了一種預期，特別用力說此處的台詞。這種下場，原有的笑點和默契就顯得匠氣，如果觀眾反應不如首演，比較沒經驗的演員就會出神，以為哪裡說詞的丟球接球亂了，一旦角色在台上發生「演員自我觀察」的出神，角色就會出戲，一步錯步步錯，對手也受影響，這就是劇場第二場通常是魔鬼場的原因。經驗多的演員或導演，都會在首演後提醒這點，以免年輕演員迷失在掌聲的錯覺。就像學校演出的掌聲，絕對不是江湖觀眾的掌聲，學校觀眾反應大，大多是因為觀眾是大家的親朋好友，江湖不認識你的人願意給你掌聲，才是真實回應的大數據。

但，身為劇場觀眾的我，也最愛看出包場，覺得賺到，而自己在台上的出包經驗，也可當作表演藝術課茶餘飯後的檢討和警惕。

李宗盛大哥，樂壇無人不知的大前輩，但鮮少人知道，他也曾經演過舞台劇，還擔任重要說書人的男主角，我很榮幸地參與了。那時合作的藝人，還有在《孤味》和《俗女養成記》大放異彩的于子育，當時，她還是錦繡二重唱的琇琴，男主角是唱「對面的女孩看過來」大紅的馬來西亞歌手阿牛，由我們學姊執導，我擔任的，是「雲朵」的角色。對，從小手長腳長，我放著好好的人不演，特別鍾情各種畜生類的角色，什麼雞啊狗啊貓啊怪獸啊，或是沒有生命的「雲」，都是我的偏好。同台的還有大學死黨們，包括多次金鐘入圍和得獎的影后謝瓊煖，因為感情太好，大家一起見證了魔鬼場的驚喜。

記憶猶新李宗盛大哥剛進排練場時，很謙虛的跟導演說，不打擾大家暖身，我先在旁邊觀察一下。我記得那天的表演練習是「動物求偶」，我們打破人類的身體慣性，用不同的重心走路、跳舞，甚至求偶。建設之前要先破壞，把原有身體用力的方式打破，才能創造出各種「非人類」的樣貌。宗盛大哥看得呵呵笑，一點都沒有樂壇大前輩的匠氣或架子，反正最醜的樣子也不過如此了，他很快的也跟大家打成一片，進入排練場。

排練過程相當和諧又歡樂，不但是個快樂的劇組，當時也造就了很多的戀愛班對，喜孜孜的迎來了首演當天。有眾多藝人加持的兒童劇，在當時還不算多，因此票房、反應、風評……各方面都還算水準之上，主要是大家都玩得很開心，即便我們在舞台只有露出一張臉；其他，都被用類似「精子裝的舞衣」包得死死的，就像

「南方四賤客」中的阿尼，只有臉，其他地方都包緊，很滑稽！

還不只如此，因為我和同班同學們扮演的是童話故事裡的雲朵精靈，所以服裝上當然有所講究，先是用萊卡布（彈性極佳的布）把全身緊緊包覆，在沒有小腹的寡廉鮮恥青春時代，就算包到胯下有一包，也是不會害羞的，包覆之後，再往身上加誇張的配件，讓整個角色像一朵雲，不像人。

主要的視覺重點，就是我們要戴上很誇張的泡棉大頭套，只有露出一張臉，全部包覆的那種超貼身偶裝，但我們每個人的頭型也不像歐美人士的圓頭或鵝蛋臉，戴上頭套之後，如果頭皮和頭套的中間有太多空隙，臉就無法在正中間顯露。由於兒童劇大量的唱跳，會把你的頭套越甩越後面，形成脖子扭一百八十度的詭異和可笑，我就曾經看到多啦A夢的扮演者，因為頭套沒戴緊，演員本身也太高，幾首歌唱跳下來，多啦A夢整個像落枕一樣，然後脖子又像烏龜脖子的長，又露出裡面襯衣，相當可怕又可笑。

感謝各大兒童劇團的訓練，當時已經很會穿偶，我們在精子裝的頭套裡，有一個小小的祕訣，就是「泳帽」！

把泳帽先戴在萊卡彈性布的底下，當作第一層保護。這有兩個大重點，泳帽可以隔絕汗水，因為你戴上頭套之後，雙手可能也被加工而包覆（或戴上手套），演出中穿偶的視線已經夠差，如果再遇到眼睛進汗水，包準你很想死，因為叫天不靈，叫地不理，靠著微弱的視線，汗水和淚水就能把你弄瞎，泳帽這時可做第一層防水工程。

第二個重點，就是補足頭皮和頭套中間的空隙，我們會拿各種尺寸的毛巾，在戴上偶的頭套之後，開始「塞」！用毛巾把空隙塞滿，不但讓頭套扎扎實實的服貼，更有第二層吸汗的功能。這種小技巧，也是學校沒教我的事，都是在江湖上快被汗水弄瞎了，土生土長研發出來的好撇步！

寫到這裡不知您有畫面了嗎？

一個頭，先戴了一頂泳帽，裡面塞滿了各類毛巾，再用超緊的萊卡連身衣全身包覆，像極了精子，更像腦瘤的重症，長滿了各種尺寸腦瘤，如果沒有戴上可愛的雲朵頭套，樣貌相當可怕……

很快的，我們迎來了第二場，江湖人稱「魔鬼場」。

我們熟悉的再穿回臭死人的精子裝和頭套，裡面全是酒精跟汗水的味道。

還好我們是第一代演員，也是新戲，服裝頭套都是新的，如果像音樂劇《貓》那種演了幾百場的，服裝裡的汗臭味，都是沒有在客氣的，尤其是頭套。大多數頭套是無法清洗的，連乾洗也不行，因為是泡棉材質，頂多就噴噴酒精、曬曬太陽已算奢侈，頭套唯一的呼吸口，多是嘴巴和鼻子的位置，如果遇到上一個演員有口臭，恭喜你又抽中大獎了！汗水＋消毒酒精＋口臭＋悶熱潮濕，舞台劇演員不是人幹的，身心靈都要保險。

就是因為首演安全過關，我也就輕忽了頭套的緊密度，偷偷把泳帽裡的小毛巾拿出了幾條。就像古裝要戴頭套一樣，一鬆綁之後，頭皮頓時有了空間，就在我和同學們在台上展露青春無敵笑容和熱情四射舞姿時，一個轉圈，我頓時覺得頭好輕鬆，因為，哐！的一聲，我的頭套，就在幾百位小朋友的面前，掉了！不偏不倚，掉在正中間，我露出了像是長滿腦瘤的精子頭，然後，觀眾都笑了。非常清楚的，是個出包。

江湖上都說，觀眾是沒有劇本的，即便出錯，戲還是要繼續，頭掉了，當然也要繼續！

我冰雪聰明（但也手忙腳亂）的，趁一個舞蹈動作的轉身，把我的頭踢到舞台側邊，我想，至少有換場的時候，再好好把頭戴回，於是我就用這顆精子頭，跟影后同班同學演了一段戲，佩服她沒有笑場，或說她根本選擇不看我……

魔鬼場的詛咒還不只如此。我想，反正頭都掉了，觀眾也習慣了，就把戲演完吧，突然，我的另一個同台演員，把我的頭抱上來還我！

對，就是那個我踢到舞台邊的頭，她拿回來還我！因為她以為，我忘了戴頭，她自作主張也自以為很聰明的，用一個華麗的舞蹈動作，把頭拿來還我了！於是我的頭，就在觀眾的面前，掉了下來，然後被我踢到場邊，然後又在觀眾面前，被另一個演員拿來還我，活脫脫就是一個整人遊戲。不知情的觀眾，看到我們如此流暢的傳遞著頭顱，會不會一度認為，是戲的一部分吧？

但這和宗盛大哥講述的故事，卻一點關係也沒有，側邊的演員，也早已笑翻，完全展現放棄我的念頭，只能說：Let it go，隨它去吧！

一齣好好的、溫馨的、宗盛大哥的兒童劇處女秀，被我們演成斷頭顱、踢頭顱、傳頭顱的驚悚片！名副其實，魔鬼場不是白叫的。

整輪演完之後，我有先自我反省了一下，身為一個專業劇場演員，怎麼能犯下如此不可原諒的戲，於是決定，之後每場，我都要當首演場，或是像馬友友大師說的，都像最後一場！也因為這樣的信念，居然被我遇到了神祕巨星。

那次的演出是由張艾嘉小姐發起，李心潔影后所主演，一場關懷愛滋病患的慈善義演，不出所料的，我們一群人演的又是比畜生還不如的角色，演的是「病毒」；當然，服裝設計也很不負眾望的，再度讓我穿起「精子裝」，並且戴上醜惡不堪的頭套。不像宗盛大哥的戲，我那次至少是個「陽光四射的雲朵」，這次，我是「醜陋噁心的病毒」，很有經驗的穿上精子裝、戴上泳帽、泳帽裡塞滿毛巾，再戴回頭套，儘管像包了三層的古裝頭套，但不能讓斷頭的事件再發生，因為是慈善公益場，票早就售罄，而且有張艾嘉和李心潔兩大天后的加持，也吸引了一堆藝人前往，首演就在各種感謝和開心中度過。

第二場魔鬼場到來，我銘記著之前斷頭顱事件，所有毛巾塞好塞滿，用盡一生的愛把像是「新冠病毒」的角色演完，完全沒出錯，驚險過關。欣慰的摘下頭套準備卸妝時，突然後台騷動了，是華仔，天王劉德華親自來後台！天啊，我可真是引頸期盼，真正的頭都要等斷了！華仔出現，風度翩翩，身材、膚質、髮型，都像漫畫中完美的王子形象，相較於我們的臭汗、怪裝、亂髮，簡直無法見人。

一陣驚呼之後，華仔很客氣的跟大家握手，我頓時就戲癮上身，表演了一握手就昏倒的爛戲碼，配合我的「病毒裝」和浮誇的尖叫，我想對華仔來說，應該也是他的魔鬼場吧！

念藝術學院（北藝大）的幾年，各種留英留法留美的老師，傳授我們各種表演的方法，甚至各種門派的方法演技，但我們都知道，表演是「天賦」占了絕大因素，就像周迅這種天才型演員，台灣沒幾個演員做得到，只有靠江湖上不斷的犯錯和磨練，從失敗經驗中換取表演的小撇步。但，學校怎麼就沒教魔鬼場的應變呢？

想起學長也分享過一場魔鬼場，他對戲的夥伴在台上該出場的時候沒出場，呼喊了半天名字完全沒用，原來，夥伴在後台睡死了！學長狗急跳牆之下，用「說故事」的獨白方式，把他的部分給「說」完了，好強！

這才是真正江湖教會我們的事，也是表演藝術課最迷人的地方吧。

第八堂課教會我的事

學校演出的觀眾都是假象，江湖不認識你的人給你的掌聲，
才是值得驕傲的大數據。
同樣的，不靠學校資源做戲的老師，才是真功夫！

後記

以上的二十四個小故事，分落在八堂不同的江湖課，藉由二十多年的江湖經驗，給自己和大家一個紀錄和借鏡。博君一笑也好，實質收穫也好，畢竟這都是真真實實的江湖經驗，而且都是學校不會教的課。

僅用此書獻給我最愛的父母，謝謝你們從不過問我在江湖忙什麼，總提供最大的後盾和信任。

也謝謝曾經幫助我和傷害過我的人，我們各自安好，江湖再見！

PO0041

從學校殺手到幕後推手

作　者──陳金煌
資深主編──謝鑫佑
校　對──謝鑫佑、陳金煌、吳如惠
行銷企劃──藍秋惠
美術設計──陳威伸

總編輯──胡金倫
董事長──趙政岷
出版者──時報文化出版企業股份有限公司
一〇八〇一九臺北市和平西路三段二四〇號四樓
發行專線──（〇二）二三〇六六八四二
讀者服務專線──〇八〇〇二三一七〇五　（〇二）二三〇四七一〇三
讀者服務傳真──（〇二）二三〇四六八五八
郵撥──一九三四四七二四時報文化出版公司
信箱──一〇八九九台北華江橋郵局第九九信箱

時報悅讀網──http://www.readingtimes.com.tw
文化線粉專──https://www.facebook.com/culturalcastle/
法律顧問──理律法律事務所　陳長文律師、李念祖律師
印刷──紘億印刷有限公司
初版一刷──二〇二一年四月十六日
定價──新台幣四三〇元
（缺頁或破損的書，請寄回更換）

時報文化出版公司成立於一九七五年，
並於一九九九年股票上櫃公開發行，於二〇〇八年脫離中時集團非屬旺中，
以「尊重智慧與創意的文化事業」為信念。

從學校殺手到幕後推手／陳金煌著. -- 初版. -- 臺北市：時報文化出版企業股份有限公司，2021.04
面；公分.
ISBN 978-957-13-8816-8（平裝）

191.9　　110004023

ISBN 978-957-13-8816-8
Printed in Taiwan